중·일 ME 육성사업단 ME 교과목 연구개발 글로벌 커뮤니케이션

KCJ Multilingual
한중일 기초입문 ②

문철수·오길용 공저

제이앤씨
Publishing Company

2015. 12
본 교재는 2015년 군산대학교 중일 ME 육성사업단에서 연구개발함

┃ 머리말 ┃

　국가라는 틀을 넘어 세계화가 지속화되고, 교육부의 대학 구조개혁 압력이 거세지고 있다. 이러한 시대적 요구에 따라 학생들이 중국어와 일본어를 같이 습득할 수 있도록 하는 목적으로 이 교제를 출판하게 되었다. 지금까지 단순한 생각으로 한 가지 언어만을 습득하면 전문성을 가지고 사회에 진출하여 성공할 수 있다고 생각했다. 학생뿐만 아니라 일관되게 한 가지 언어만을 교육해 온 대학의 교육정책도 똑같다. 하지만 세계는 상상을 초월한 변화가 일어나고 있다. 가정, 사무실, 사회에서 인터넷과 스마트폰을 통해 의사소통이 실시간 이루어지고 있다. 게다가 세계화와 국제결혼, 사회구조의 변화가 진행되면서 한국에 거주하는 다문화 가정이 150만을 넘어섰다. 고령화와 저출산으로 노동 인구가 줄고, 외국인 노동자의 증가 및 정착이 불가피해지면서 산업 현장의 다언어화 경향이 늘고 있다. 또한 값싼 노동력을 찾아 해외로 진출한 한국 기업이 많아지면서 간접무역과 삼국간무역이 늘어나고 있다.

　따라서 교육 정책과 교육 현장에서 1국가 1언어, 1인 1언어라는 공식에서 다언어라는 공식으로 체계를 바꾸어야 한다는 것이 우리 동아시아학부의 공통된 의견이다.

　이중 언어, 다언어를 학습하고 교과과정을 구성하는 것은 어려운 일이다. 그렇지만 우리는 다언어구사자의 육성을 목표로 세웠다. 학생들의 전인교육과 함께 세계를 무대로 진출할 수 있는 의사소통능력을 키우는 것이 중요하다고 생각했다. 이를 위해 학교에서는 언어교육과 산업현장에서 필요로 하는 언어, 그 밖에 인터넷을 통해 소통할 수 있는 언어교육을 강화하기로 했다. 특히 외국인과 언어접촉을 통해 자연스럽게 습득할 수 있도록 기초교육을 강화하는 집중적인 교육을 펼치고 있다. 학생들이 고등학교까지 배운 언어능력을 기반으로 대학 4년 동안 이중, 삼중 언어를 구사할 수 있는 가능성을 가지고 있기 때문이다. 이러한 시도는 다양한 언어를 구사하는 인재육성으로 산업현장에서 필요한 외국어 자원을 양성하는 목표이기도 하다.

이 책은 멀티링글커뮤니케이션의 두 가지 측면 즉, 국가적인 차원의 거시적 측면과 개인, 학부 차원의 미시적 측면을 망라하여 미래에 바람직한 동아시아학부의 교과를 개발한 것이다. 학생들이 중국어나 일본어 중 하나만 습득하기도 어려운데, 다언어 교육 즉, 제 2, 제3 언어습득은 말도 안 되는 황당한 이야기라고 생각할 수도 있다. 실제로 많은 학생들이 나와는 상관이 없고, 4년 동안 불가능하다고 생각할 수도 있다. 그러나 대부분의 고등학교에서 일본어와 중국어 등 제2외국어를 개설하고 있다. 학생들은 이미 이 언어가운데 하나를 학습한 경험이 있다. 2년 이상의 학습경험과 지식이 축적되어 있는 것이다. 일본어와 중국어의 객원교수를 확보하여 일본어와 중국어 능력을 동시에 기르는 이머전 방식의 4년 교과과정은 자리를 잡을 것이다.

학부에서 다언어 능력을 어떻게 길러줄 것인지, 최상의 학습 능력을 어떻게 배양할 수 있을 것인지, 나아가 해외 어학연수 및 산업체 현장실습을 통하여 어떻게 도움을 줄 것인지 등 큰 과제를 안고 있다. 그래서 학생들에게 중국어와 일본어에 대한 이해와 흥미를 어떻게 동기부여를 시켜줄 것인가 하는 과제도 고민을 해봤다.

하지만 고등학교에서 축적한 중국어와 일본어를 기초로 1년 동안 다언어 교육 실천과 바람직한 국제 이해 교육 방안을 모색하면 가능하다고 판단했다. 학생들의 성공적인 취업을 위해서 언어 자원을 적극적으로 육성하여 진로 및 직업을 찾을 수 있도록 동기부여를 시키는 마음으로 시작한 것이다. 21세기는 언어 자원도 천연자원과 마찬가지로 적극적으로 발굴, 개발하여 세계로 수출해야하는 시대이다. 유럽 연합이 복수언어주의를 표방하여 인접 국가들과 협력을 하고 있듯이 우리도 일본어와 중국어를 기반으로 동아시아에 진출한 수 있는 인재양성에 노력할 것이다.

끝으로 상업적 이익이 없으면서 흔쾌히 출판에 응해준 제이앤씨에 감사의 마음을 전한다.

2015.12
공동 저자

목차

KCJ Multilingual

한중일
기   초
입문②

중·일 ME 육성사업단 ME 교과목 연구개발 글로벌 커뮤니케이션

KCJ Multilingual

한중일 기초입문 ②

제1과 일본어를 공부하다

문 장

　今日、田中さんは、空港で中国からの代表団をお出迎えしました。代表団は、全部で五人です。空港は、おおぜいの人で混雑していました。空港に着いた人が、すぐに出迎えの人を見つけるのは、たいへんです。田中さんは、'歓迎、中国訪日代表団'と書いた大きな紙お持つて、出口で待ちました。

　背の高い男の人が、'田中さんですか。代表団の李です。'と、言いました。李さんは、日本語をはなすのが、上手です。ほかの四人に、田中さんを中国語で紹介しました。李さんは、'よろしくお願いします。日本の進んだ科学技術を勉強するのが、楽しみです。'と、田中さんに日本語で言いました。

今天，田中在机场迎接来自中国的代表团。代表团一共5个人。机场里人很多而且很拥挤。抵达机场的人要马上找到来迎接的人很不容易。田中拿着写有"欢迎中国访日代表团"的牌子，站在出口等候。

一位高个子的男人走上前问道："您是田中先生吗？我是代表团的，姓李。"小李日语说得好。他又用汉语向其他4个人介绍了田中。小李用日语对田中说："请多关照。我们希望能学到日本的先进科学技术。"

jīn tiān, tián zhōng zài jī chǎng yíng jiē lái zì zhōng guó de dài biǎo tuán. dài biǎo tuán yí gòng wǔ ge rén. jī chǎng li rén hěn duō ér qiě hěn yōng jǐ. dǐ dá jī chǎng de rén yào mǎ shàng zhǎo dào lái yíng jiē de rén hěn bù róng yì. tián zhōng ná zhe xiě yǒu "huān yíng zhōng guó fǎng rì dài biǎo tuán "de pái zi, zhàn zài chū kǒu děng hòu.

yí wèi gāo gè zi de nán rén zǒu shàng qián wèn dào: "nín shì tián zhōng xiān sheng ma? wǒ shì dài biǎo tuán de, xìng lǐ."xiǎo lǐ rì yǔ shuō de hǎo. tā yòu yòng hàn yǔ xiàng qí tā sì ge rén jiè shào le tián zhōng. xiǎo lǐ yòng rì yǔ duì tián zhōng shuō: "qǐng duō guān zhào. wǒ men xī wàng néng xué dào rì běn de xiān jìn kē xué jì shù."

田中： 日本語を話すのが、お上手ですね。日本は 何度目ですか。

您日语讲得不错啊。来日本几次了?

nín rì yǔ jiǎng de bú cuò a. lái rì běn jǐ cì le?

李： 初めてです。ラジオで、日本語を勉強していますが、
外国の言葉を覚えるのは、楽しいです。

这是我第一次来日本。以前是通过听广播学的日语，学会一门
外语很快乐。

zhè shì wǒ dì yí cì lái rì běn. yǐ qián shì tōng guò tīng guǎng bō xué de rì
yǔ, xué huì yì mén wài yǔ hěn kuài lè.

田中： そうですか。今回の来日の目的は、ロボツト展示場や
自動車工場の見学ですね。

是吗? 这次来日本的目的是参观机器人展览会和汽车制造厂吧?

shì ma? zhè cì lái rì běn de mù dì shì cān guān jī qì rén zhǎn lǎn huì hé
qì chē zhì zào chǎng ba?

李 ： はい。進んだ科学技術を勉強するのが、楽しみです。

对。我们希望学到日本的先进科学技术。

duì. wǒ men xī wàng xué dào rì běn de xiān jìn kē xué jì shù。

田中： 明日から、忙しいですよ。今日は、ホテルでゆっくり休んでくたさい。

从明天开始就忙了。今天在饭店好好休息吧。

cóng míng tiān kāi shǐ jiù máng le. jīn tiān zài fàn diàn hǎo hāo xiū xi ba。

李 ： 空港で日本のお金に両替するのを忘れましたが、だいじょうぶですか。

我在机场忘了兑换日元，不要紧吧?

wǒ zài jī chǎng wàng le duì huàn rì yuán, bú yào jǐn ba ?

田中： ええ。ホテルでもできますよ。

不要紧，在饭店也能换。

bú yào jǐn, zài fàn diàn yě néng huàn。

空港(くうこう)	명	机场 jī chǎng	공항
両替(りょうがえ)する	동	换钱 huàn qián	환전하다
忘(わす)れる	동	忘记 wàng jì	잊어버리다
出迎(でむか)える	동	迎接 yíng jiē	영접하다
全部(ぜんぶ)	명	全部 quán bù	전부
出迎(でむか)え	명	迎接 yíng jiē	영접
見(み)つける	동	找, 找到 zhǎo, zhǎo dào	찾다
歓迎(かんげい)	명	欢迎 huān yíng	환영
訪日(ほうにち)	명	访问日本 fǎng wèn rì běn	일본방문
出口(でぐち)	명	出口 chū kǒu	출구
背(せ)	명	个子 gè zi	키
ほか	명	以外 yǐ wài	이외(에)
紹介(しょうかい)する	동	介绍 jiè shào	소개하다
楽(たの)しみ	명	盼望, 期待 pàn wàng, qī dài	희망
言葉(ことば)	명	语言 yǔ yán	언어
覚(おぼ)える	동	记住 jì zhù	기억하다
来日(らいにち)	명	来日 lái rì	외국인이 일본에 옴
目的(もくてき)	명	目的 mù dì	목적
展示場(てんじじょう)	명	展览会 zhǎn lǎn huì	전람회
自動車(じどうしゃ)	명	汽车 qì chē	자동차
見学(けんがく)	명	参观 cān guān	참관
ホテル	명	饭店, 旅馆 fàn diàn, lǚguǎn	호텔

문법 및 어구 해석

1. ~のは~です ~(한)것은~입니다

の는 '~의' 의미 외에도 「보통형(사실) + のは + 설명, 이유, 강조하고 싶은 것 + です。」에서 の는 형식명사 '~것'이라는 의미로 쓰인다.

> やきゅうをするのは、面白いです。
> 야구를 하는 것은 재미있습니다.
> 日本語を勉強するのは、楽しいです。
> 일본어를 공부하는 것은 즐겁습니다.
> 私が会ったのはマリアさんのお母さんです。
> 내가 만난 사람은 마리아씨의 어머니입니다.

2. ~のが~です ~것이(가)~입니다

「명사 + が好きです・上手です・楽しみです」에 동사구를 넣어 「동사구 + のが好きです・上手です・楽しみです」형식의 명사구로 바꿀 수 있다.

> わたしはテニスが好きです。 → テニスをする → わたしはテニスをするのが、好きです。
> 나는 테니스가 좋습니다. → 테니스를 하다 → 나는 테니스를 하는 것이 좋습니다.

> 李さんは、日本語を話するのが、上手です。
> 이씨는 일본어로 말하는 것이 능숙합니다.
> 母は、料理お作るのが、得意です。
> 어머니는 요리를 만드는 것이 특기입니다.

또한 「동사구 + のを覚えています・忘れました」형식의 명사구로 바꿀 수 있다.

彼女は、<u>掃除</u>を忘れました。→ <u>掃除をする</u> → 彼女掃除をするのを忘れました。

그녀는 <u>청소</u>를 잊어버렸습니다. → <u>청소를 하다</u> → 그녀는 청소를 하는 것을 잊어버렸습니다.

李さんは、空港で両替するのを忘れました。
이씨는 공항에서 환전을 하는 것을 잊어버렸습니다.
薬を飲むのを忘れないでください。
약을 먹는 것을 잊지 말아주세요.

3. 人で混雑しています 사람 때문에 혼잡하다.

で는 원인을 표시한다. 장소가 혼잡한 원인이 사람 때문임을 말한다.

試験で いそがしい.　　　　시험 때문에 바쁘다.

4. 背の高い人 키가 큰 사람

背の高い人는 '李さんは背が高いです'(이씨는 키가 크다)의 뜻이다. 背の高い人처럼 연체수식형을 쓸 때는 が를 の로 바꿀 수 있다.

わたしが好きな果物は、りんごです。= わたしの好きな果物は、りんごです。
내가 좋아하는 과일은 사과입니다. = 나의 좋아하는 과일은 사과입니다.

5. よろしくお願いします 잘 부탁드립니다

처음 만났을 때 또는 어떠한 일을 부탁할 때 사용하는 겸손어

初めまして。どうぞ、よろしくお願いします。
처음 뵙겠습니다. 잘 부탁드립니다.

6. お上手ですね **능숙하다. 잘하다.**

일부 형용사, 형용동사, 명사 앞에 お를 붙여 경의를 표시한다.

王さんは、何がお好きですか。왕씨는 무엇을 좋아합니까?
先生は、たいへんピアノがお上手です。선생님은 피아노를 아주 잘 치십니다.

7. ～目 ～**번째**

수량사 뒤에 놓여 사물의 순서를 표시한다.

一つ目、二度目、三日目、五年目。첫 번째, 두 번째, 삼일째, 오년 째

1. 다음 예문에 따라 연습하시오.

> ─〈예〉─
> 日本語を勉強します。それは楽しいです。
> 일본어를 공부합니다. 그것은 즐겁습니다.
> → 日本語を勉強するのは、楽しいです。
> 일본어를 공부하는 것은 즐겁습니다.

(1) 友達に会います。それは楽しいです。

(2) この山に登ります。それは危険です。

(3) 漢字を覚えます。それはあまり難しくないです。

2. 다음 예문에 따라 밑줄 부분을 바꾸어 보시오.

┌─〈예〉───┐
│   スポーツを見ます・します・好きです
│   스포츠를 봅니다. 합니다. 좋아합니다.
│
│   A : スポーツを見るのと、するのと、どちらが好きですか。
│   스포츠를 보는 것과 하는 것, 어느 쪽이 좋습니까?
│   B : スポーツを見るのは好きですが、するのはあまり好きではありません。
│   스포츠를 보는 것은 좋아합니다만, 하는 것은 그다지 좋아하지 않습니다.
└──┘

(1)   料理を食べます・作ります・好きです

(2)   日本語を覚えます・書きます・易しいです

(3)   絵をかきます・写真を撮ります・上手です

3. 다음 예문에 따라 두 문장을 한 문장으로 만들어 보시오.

┌─〈예〉───┐
│   空港で両替します。それを忘れました。
│   공항에서 환전을 합니다. 그것을 잊어버렸습니다.
│   → 空港で両替するのを忘れました。
│   공항에서 환전하는 것을 잊어버렸습니다.
└──┘

(1)   李さんがきます。それを聞きました。

(2)   張さんが留学しました。それを聞きましたか。

(3)   先生が結婚しています。それを知っていましたか。

4. 다음 예문에 따라 연습하시오.

〈예〉

代表団の李です。
대표단의 李氏입니다.
　→「代表団の李です。」と、言いました。
　　「대표단의 李氏입니다.」라고 말했습니다.

---

(1)　日本語を話すのが上手ですね。

(2)　7時に来てください。

(3)　明日は来ることができません。

제2과 일본요리를 먹다

문 장

　今夜、田中さんは、李さんたちを、ホテルの近くの日本料理店へ案内しました。李さんは、まだ一度も、日本料理を食べたことがありません。'有名な店ですから、いつもお客さんがおおぜいいます。今日も、たぶん混でいるでしょう。'と、田中さんが言いました。店の人が、料理を並べなから、一つ一つの料理の名前と食べ方を説明しました。

　李さんたちは、ビールを飲みながら、食事をしました。日本人は、食事の前に、'いただきます。'と、言います。そして、食事がおわったとき、'ごちそうさまでした。'と、言います。李さんたちは、日本の習慣にしたがって、そう言いました。

今晚，田中领小李一行人去了酒店附近的一家日本餐馆。小李还没吃过日本菜。田中说：'这是一家很有名的餐馆，顾客总是很多。今天大概也很拥挤吧。'

餐馆的服务员一边上菜，一边逐个说明菜的名称和吃法。小李他们边喝啤酒边吃菜。按照日本人的礼节，吃饭前要先说：'那我吃了'，吃完以后要说：我吃好了。小李他们也按照日本人进餐前后的礼仪做了。

jīn wǎn, tián zhōng lǐng xiǎo lǐ yì xíng rén qù le jiǔ diàn fù jìn de yì jiā rì běn cān guǎn. xiǎo lǐ hái méi chī guo rì běn cài. tián zhōng shuō: "zhè shì yī jiā hěn yǒu míng de cān guǎn, gù kè zǒng shì hěn duō. jīn tiān dà gài yě hěn yōng jǐ ba?"

cān guǎn de fú wù yuán yì biān shàng cài, yì biān zhú gè shuō míng cài de míng chēng hé chī fǎ. xiǎo lǐ tā men biān hē pí jiǔ biān chī cài. àn zhào rì běn rén de lǐ jié, chī fàn qián yào xiān shuō: 'nà wǒ chī le', chī wán yǐ hòu yào shuō:" wǒ chī hǎo le". xiǎo lǐ tā men yě àn zhào rì běn rén jìn cān qián hòu de lǐ yí zuò le.

田中 : 料理はいかがでしたか。
（りょうり）

这里的饭菜怎麼样?

zhè lǐ de fàn cài zěn me yàng ?

李 : とてもおいしかったです。たぶん、代表団のみんなも、
（だいひょうだん）
満足しているでしょう。
（まんぞく）

很好吃。代表团的各位都很满意的。

hěn hǎo chī. dài biǎo tuán de gè wèi dōu hěn mǎn yì de.

田中 : それはよかったですね。

那太好了。

nà tài hǎo le.

李 : それに、器がとてもきれいでした。
（うつわ）

而且餐具看上去非常精致美观。

ér qiě cān jù kàn shàng qù fēi cháng jīng zhì měi guān.

田中： ええ。日本料理は、器や盛付けに、気を使います。'目で
楽しむ料理'と、言う人もいます。

是的，日本饭菜很讲究餐具和装盘。有人说：'日本菜是用眼睛
欣赏的。'

shì de , rì běn fàn cài hěn jiǎng jiū cān jù hé zhuāng pán. yǒu rén shuō :
'rì běn cài shì yòng yǎn jing xīn shǎng de .'

李： ところで、日本の人は、食べる時あまり話をしませんね。

哎，我发现日本人吃饭时都不怎麼说话啊。

āi, wǒ fā xiàn rì běn rén chī fàn shí dōu bù zěn me shuō huà a.

田中： ええ。中国ではどうですか。

是的，在中国呢？

shì de, zài zhōng guó ne ？

李： いつもは静<ruby>静<rt>しず</rt></ruby>かです。でも、お祝<ruby>祝<rt>いわ</rt></ruby>いの時<ruby>時<rt>とき</rt></ruby>は、にぎやかですよ。

みんなで話<ruby>話<rt>はな</rt></ruby>したり、わらったりしながら、食事<ruby>食事<rt>しょくじ</rt></ruby>をします。

平时也都是安安静静地吃饭。不过，喜庆的时候吃饭时很热闹。大家有说有笑。

píng shí yě dōu shì ān ān jìng jìng de chī fàn. bú guò, xǐ qìng de shí hou chī fàn shí hěn rè nao. dà jiā yǒu shuō yǒu xiào.

今夜(こんや)	명	今晩　jīn wǎn	오늘 저녁
案内する(あんないする)	동	带路, 向导　dài lu, xiàng dǎo	안내하다
いつも	부	总是, 经常　zǒng shì, jīng cháng	항상
たぶん	부	大概　dà gài	대개
混(こ)む	동	拥挤　yōng jǐ	혼잡하다
並(なら)べる	동	摆, 排, 上菜　bǎi, pái, shàng cài	배열하다
説明(せつめい)する	동	说明　shuō míng	설명하다
そして	접	而且　ér qiě	그리고
習慣(しゅうかん)	명	习惯　xí guàn	습관
みんな	명	都, 全　dōu, quán	모두
満足(まんぞく)する	동	满足, 满意　mǎn zú, mǎn yì	만족
器(うつわ)	명	器皿　qì mǐn	그릇
盛(も)り付(つ)け	명	装盘　zhuāng pán	소반
気(き)	명	心, 精神　xīn, jīng shén	마음
楽(たの)しむ	동	欣赏　xīn shǎng	감상/좋아하다
ところで	접	不过　bú guo	그러나
祝(いわい)	명	喜庆, 庆贺　xǐ qìng, qìng hè	축하
笑(わら)う	동	笑　xiào	웃다

문법 및 어구 해석

1. ～の時　～할 때에

어떠한 일을 하는 시간을 나타낸다. の를 사용하여 食事, 授業 등 명사를 時와 연결하여 ～の時의 형식을 만든다.

食事の時, 日本人ははしを使います。
식사를 할 때에 일본인은 젓가락을 사용합니다.

어떠한 일을 하는 전후의 시간을 표시할 때는 '～の前に(～하기 전에), ～のあとで(～한 후에)'의 형식으로 표현한다.

2. ～時   ～때에

어떠한 일을 하는 시간을 표시하는 時 앞에서 동사구를 사용한다. 이 때 동사는 の를 넣지 않고 보통형으로 바꾼다.

食事をする時、はしを使います。
식사를 할 때, 젓가락을 사용합니다.

3. ～ながら、～   ～하면서

두 가지 동작을 동시에 할 때 사용한다.

弟は、ラジオを聞きながら、勉強します。
남동생은 라디오를 들으면서 공부합니다.

4. でしょう(추측)   ～지요

확실히 단정할 수 없는 일이나 일기예보 등 미래를 예측이나 확인을 표현한다. 예측은 하강조로 발음하고, 확인은 상승조로 발음한다.

あの大学に入るのは、難しいでしょう。↘
그 대학에 들어가는 것은 어렵겠지요.
デジタルカメラは高いでしょう。↗
디지털 카메라가 비싸지요.

5. そして 그리고

문장의 앞뒤를 연결하는 첨가를 표시하는 접속사이다.

山にも 行ったし、そして 海にも 行った。산에도 갔고, 그리고 바다에도 갔다.

6. きっと 꼭, 반드시 たぶん 아마

きっと는 단정을 나타내는 부사이다. たぶん는 きっと처럼 확정적이지 않은 추측

かれは きっと 来る。그는 반드시 온다.

7. 気を使います 신경을 씁니다

신경을 쓰다, 마음을 쓰다는 의미이다. 気는 마음의 활동, 상태를 표시한다. 다른 단어와 결합하여 관용구를 만들어 여러 의미를 표현한다.

気をつけます。
海で泳ぐ時には、気をつけましょう。바다에서 수영할 때는 조심합시다.

気にします。
試験を受けるときは、気にしないでください。시험을 볼 때는 걱정하지 마세요.

8. ところで 그런데

화제를 바꿀 때 사용하는 역접 접속사이다. しかし, だが, ところが, かれども, ですが, でも, そうだけれども 등이 있다.

ところで あの件は どうなりますか。그런데 그 건은 어떻게 되었습니까?

1. 예문에 따라 연습해 보시오.

〈예〉

食事・中国人も日本人もはしを使います。

식사・중국인도 일본인도 젓가락을 사용한다.

→ 食事の時 中国人も日本人もはしを使います。

식사를 할 때에 중국인도 일본인도 젓가락을 사용합니다.
---

(1) 学生・ピンポンをしました

(2) 旅行・いつもこの薬を持っていきます

(3) 子供・北京に住んでいました

2. 예문에 따라 연습해 보시오.

〈예〉

頭が痛いです。その時、この薬を飲みます。

머리가 아픕니다. 그 때 이 약을 먹습니다.

→ 頭が痛い時 この薬を飲みます。

머리가 아플 때에 이 약을 먹습니다.
---

(1) 出かけます。その時 部屋に鍵をかけます。

(2) 疲れています。その時 眠ります。

(3) 自転車がありませんでした。その時 とても不便でした。

3. 예문에 따라 연습해 보시오.

〈예〉

食事が終わりました　・ごちそうさまでした

식사를 마쳤습니다.　・잘 먹었습니다.

→　食事が終わった時、「ごちそうさまでした。」と、言います。

식사를 마쳤을 때에, 「잘 먹었습니다」라고 말합니다.

---

(1)　プレゼントをもらいました　　・ありがとうございます

(2)　昼間、人に会いました　　・こんにちは

(3)　食事を始めます　・いただきます

4. 예문에 따라 연습해 보시오.

〈예〉

ラジオを聞きました。勉強しました。

라디오를 들었습니다. 공부를 했습니다.

→　ラジオを聞きながら、勉強しました。

라디오를 들으면서 공부를 했습니다.

---

(1)　食事をします。話しませんか。

(2)　コーヒーを飲みます。相談しましょう。

(3)　辞書を引きます。読んでいます。

제3과 전자상가를 가다

문 장

　今日の午前中、李さんたちは、銀座と浅草を見物しました。朝から、空が曇っていました。雨が降るかもしれないので、みんな傘をもって出かけました。

　午後からは、秋葉原で買い物をする予定です。秋葉原には、電気屋がたくさんあります。'電気製品が安いので、外国からのお客さんにも、人気がある場所です。'と、田中さんが言いました。

　李さんは、テレビ・ラジオを買おうとおもっています。そして、それを、息子さんへのおみやげにしようと思っています。

今天上午，小李他们逛了银座和浅草。从早上开始，天空阴沉沉的，因为看样子要下雨，所以大家出门时都带了伞。

预定下午在秋叶原买东西。田中说：'秋叶原有很多电器商店，电器产品便宜，

所以外国来的顾客都很喜欢这个地方。小李想买收录机，把它送给儿子作礼物。

jīn tiān shàng wǔ, xiǎo lǐ tā men guàng le yín zuò hé qiǎn cǎo. cóng zǎo shàng kāi shǐ, tiān kōng yīn chén chén de, yīn wèi kàn yàng zi yào xià yǔ, suǒ yǐ dà jiā chū mén shí dōu dài le sǎn.

yù dìng xià wǔ zài qiū yè yuán mǎi dōng xī. tián zhōng shuō：'qiū yè yuán yǒu hěn duō diàn qì shāng diàn, diàn qì chǎn pǐn pián yi,

suǒ yǐ wài guó lái de gù kè dōu hěn xǐ huan zhè ge dì fang. xiǎo lǐ xiǎng mǎi shōu lù jī, bǎ tā sòng gěi ér zi zuò lǐ wù.

李 : 午後から、秋葉原へ行くんですね。浅草から、どのくらい
です か。

下午是去秋叶原吧? 从浅草出发,得用多长时间?

xià wǔ shì qù qiū yè yuán ba? cóng qiǎn cǎo chū fā, děi yòng duō cháng shí jiān?

田中 : 近いですよ。でも、今日は車が渋滞しているので、バスで
30分以上かかるかもしれません。

很近。不过, 今天路上堵车, 乘公共汽车估计要用30多分锺。

hěn jìn. bú guò, jīn tiān lù shàng dǔ chē, chéng gōng gòng qì chē gū jì yào yòng sān shí duō fēn zhōng.

李 : 買い物の時間は、どのくらいありますか。

买东西要多少时间?

mǎi dōng xi yào duō shǎo shí jiān?

田中： 2時間の予定です。李さんは、何を買いますか。

计划是两个小时。李先生想买什麽?

jì huà shì liǎng ge xiǎo shí. lǐ xiān sheng xiǎng mǎi shén me?

李： チレビ・ラジオを買って、息子のみやげにしようと思っています。テレビ・ラジオは、種類が多いですから、買う時、迷うでしょうね。

想买收录机，送给儿子作礼物。收录机种类很多，买的时候不知道买哪个好啊。

xiǎng mǎi shōu lù jī, sòng gěi ér zi zuò lǐ wù. shōu lù jī zhǒng lèi hěn duō, mǎi de shí hou bù zhī dào mǎi nǎ ge hǎo a.

田中： そうかもしれませんね。買う前に、カタログをよく読んだほうが、いいですよ。
そうすれば、性能と値段が、はっきりわかりますから。

是啊，建议您购买之前，最好先仔细看看商品目录。那样才能清楚的了解产品的性能和价格。

shì a, jiàn yì nín gòu mǎi zhī qián, zuì hǎo xiān zǐ xì kàn kan shāng pǐn mù lù. nà yàng cái néng qīng chǔ de liǎo jiě chǎn pǐn de xìng néng hé jià gé.

李： はい、そうします。

好的，我按照您说的办吧。
hǎo de, wǒ àn zhào nín shuō de bàn ba.

電器(でんき)	명	电气　diànqì	전기
空(そら)	명	天空　tiānkōng	하늘
曇(くも)る	동	阴, 阴沉　yīn, yīn chén	흐리다
予定(よてい)	명	豫定, 计划　yù dìng, jì huà	예정
場所(ばしょ)	명	场所　chǎng suǒ	장소
おみやげ	명	礼物　lǐ wù	선물
どのくらい	구	多少　duō shao	다소
渋滞(じゅうたい)する	동	阻塞　zǔ sè	막히다
迷(まよ)う	동	犹豫不决　yóu yù bù jué	머뭇거리다
カタログ	명	商品目录　shāng pǐn mù lù	상품목록
そうすれば	구	那样的话　nà yàng de huà	그렇게 하면
性能(せいのう)	명	性能　xìng néng	성능
はっきり	부	清楚　qīng chǔ	분명하다

문법 및 어구 해석

1. ようと思っています/思います　～(하)려고 생각합니다

　ようと思っていますと는 결심한 것을 유지할 때 쓰고, 思います는 말하는 사람의 판단, 결심을 표현한다.

> 会社をやめて、1年ぐらい留学しようと思っています。
> 회사를 그만두고 1년 정도 유학하려 생각하고 있습니다.
> 今日はすぐ帰ろうと思います。
> 오늘은 곧장 돌아가려고 합니다.

2. ～ので、～　　～(하)기 때문에, ～(하)므로, ～(해)서

원인이나 이유를 말할 때 사용한다. 보통형 + ので

> 音楽が好きなので、よくコンサートに行きます。
> 음악을 좋아하기 때문에 종종 콘서트에 갑니다.
> 頭が痛いので、仕事を休みました。
> 머리가 아파서 일을 쉬었습니다.

3. ～かもしれません　　～일지도 모릅니다

화자가 확신할 수 없는 추측을 표현하지만, 가능성이 있다는 의미로 사용한다.

> 山の上は寒いかもしれません。산 위에는 추울지도 모릅니다.
> ことによっては行かないかもしれません。사정에 따라서는 가지 않을지도 모릅니다.

4. 買い物をする予定です 쇼핑을 할 예정입니다

予定은 연체 수식을 받는다. 수식하는 부분은 시간이나 내용을 표시한다.

> 今日は、東京を案内する予定です。
> 오늘은 도쿄를 안내할 예정입니다.
> わたしは、彼と3時に会う約束をしています。
> 나는 그와 3시에 만날 약속을 했습니다.

5. 息子さんへのおみやげ 아들에게 줄 선물

「～からの・～への・～までの」 등은 조사를 중첩하여 사용할 수 있다. 그러나 に와 の는 중첩할 수 없다.

> 息子におみやげを買います。 →　息子へのおみやげを買います。
> 아들에게 줄 선물을 삽니다. → 아들에게 줄 선물을 삽니다.

6. おみやげにしようと~ 선물로 하려고

여기에서 には는 ~(신분, 자격)으로써의 의미이다.

お祝に、辞書をあげましょう。 답례로 사전을 줍시다.

7. どのくらいですか・どのくらいありますか
어느 정도입니까? 얼마나 있습니까?

시간, 수량, 거리 등을 질문하는 형식으로 사용된다.

見学の時間は、どのくらいありますか。(시간)
견학할 시간은 얼마나 있습니까?
この図書館に、本はどのくらいありますか。(수량)
이 도서관에 책이 얼마나 있습니까?
ここから駅まで、どのくらいですか。(거리)
여기서 역까지 얼마나 걸립니까?

8. 車が渋滞している 차가 밀리다

일본은 자동차의 증가로 대도시에서 교통 체증이 심각하다. 출퇴근 시간 이외에도 주요 도로의 자동차는 정상적인 속도를 낼 수 없음을 표현 한 것이다.

ソウルは車が渋滞します。 서울은 차가 밀립니다.

9. そうすれば 그렇게 하면

앞 문장에서 가정한 조건하에 뒤의 문장에 어떠한 현상이 발생할 것을 암시한다.

そうすれば仕事が容易になる. 그렇게 하면 일이 쉬워진다

10. ～屋 ～가게

과일, 신발, 약, 서점 등을 운영하는 상품 뒤에 屋을 붙여 작은 상점을 표시한다. 果物屋 (くだものや), 魚屋(さかなや), 薬屋くすりや), 本屋(ほんや)등

11. 銀座/浅草 긴자/아사쿠사

동경의 번화가 명칭이다. 銀座(긴자)는 고급상품을 판매하는 상점이 많은 지역이고, 浅 草(아사쿠사)는 서민의 풍격을 띠는 지역이다.

1. 다음 동사의 의지형을 익히시오.

基本型	意志型	基本型	意志型
起きる	起きよう	行く	行こう
食べる	食べよう	買う	買おう
寝る	寝よう	書く	書こう
見る	見よう	作る	作ろう
借りる	借りよう	遊ぶ	遊ぼう
出かける	出かけよう	泳ぐ	泳ごう
あげる	あげよう	飲む	飲もう
話す	話そう	謝る	謝ろう
見せる	見せよう	来る	来(こ)よう
いる	いよう	する	しよう
立つ	立とう	見物する	見物しよう

2. 다음 예문처럼 밑줄 부분으로 바꾸어 보시오.

┌─〈예〉─────────────────────────────────────┐
│　　　ラジオ・カセットを買う。　　　　　　　　　　　│
│　　　라디오・카세트를 사다　　　　　　　　　　　　　│
│　　　→　<u>ラジオ・カセットを買おう</u>と思います。　　│
│　　　　　라디오・카세트를 사려고 생각하고 있다.　　　│
└───┘

(1)　明日6時に起きる。

(2)　息子のおみやげにする。

(3)　妹に見せる。

3. 다음 예문처럼 밑줄 부분으로 바꾸어 보시오.

┌─〈예〉─────────────────────────────────────┐
│　　　富士山に登る・家にいる　후지산에 오르다・집에 있다　│
│　　　→　A：乙さんは、今度の日曜日に何をしますか。　│
│　　　　　A：을씨는 이번 일요일에 무엇을 합니까?　　　│
│　　　　　B：<u>富士山に登ろう</u>と思っています。甲さんは、何をしますか。│
│　　　　　B：후지산에 오를 생각입니다. 갑씨는 무엇을 합니까?│
│　　　　　A：わたしは、<u>家にいよう</u>と思っています。　│
│　　　　　A：저는 집에 있을 생각입니다.　　　　　　　│
└───┘

(1)　秋葉原へ行く・浅草を見物する

(2)　映画を見る・子供と遊ぶ

(3)　小説を読む・ピンポンをする

4. 다음 예문에 따라 두 문장을 한 문장으로 만들어 보시오.

〈예〉

電気製品が安いです。いつも混んでいます。

전기제품이 쌉니다. 언제나 붐빕니다.

→ 電気製品が安いので、いつも混んでいます。

전기제품이 싸기 때문에 언제나 붐빕니다.

---

(1) 簡単です。すぐできました。

(2) 渋滞しています。時間がかかるかもしれません。

(3) 夏休みです。人が多いです。

제4과 우표를 수집하다

문 장

　私の趣味は、切手を集めることです。これは、旅行の記念に、日本で買った切手です。李さんは、田中さんに切手を見せました。"これは、新しく売り出した記念切手ですよ。黒いのは、清水寺の切手です。青いのは、銀閣寺です。どちらも、京都にある有名なお寺です。"と、田中さんは言いました。"こちらの大きいのは、どこの切手ですか。"と、田中さんは李さん聞きました。これは、フランスの切手です。フランスに行った友達が、くれました。李さんはそう言いなから、切手を丁寧に手帳に挟みました。

我的爱好是集邮，这是为了旅行留念，在日本买了邮票。田中说：'这两张都是新出售的纪念邮票。黑的是清水寺，蓝的是银阁寺。两个都是有名的寺院。'

　　田中问小李：'这个大的是哪儿的邮票？' 小李说：'这是法国邮票。到过法国的朋友给我的。' 说着，把邮票小心翼翼地夹到手册里。

wǒ de ài hào shì jí yóu, zhè shì wèi le lǚ xíng liú niàn, zài rì běn mǎi le yóu piào. tián zhōng shuō : 'zhè liǎng zhāng dōu shì xīn chū shòu de jì niàn yóu piào. hēi de shì qīng shuǐ sì, lán de shì yín gé sì. liǎng ge dōu shì yǒu míng de sì yuàn.'

　　tián zhōng wèn xiǎo lǐ : 'zhè ge dà de shì nǎr de yóu piào ?' xiǎo lǐ shuō : 'zhè shì fǎ guó yóu piào. dào guo fǎ guó de péng you gěi wǒ de .' shuō zhe, bǎ yóu piào xiǎo xīn yì yì de jiā dào shǒu cè li.

田中 ： 明日(あす)は、京都(きょうと)に移動(いどう)する日(ひ)ですね。

明天该去京都了吧?
míng tiān gāi qù jīng dū le ba?

李 ： ええ。いろいろお世話(せわ)になりました。おかげて、楽(たの)しく過(す)ごすことができました。

是的。给您添了很多麻烦。多亏您的关照，我们过得很愉快。
shì de. gěi nín tiān le hěn duō má fan. duō kuī nín de guān zhào, wǒ men guò de hěn yú kuài.

田中 ： どういたしまして。

别客气。
bié kè qi.

李 ： ところで、田中(たなか)さんの趣味(しゅみ)は何(なん)ですか。

哎，田中先生，你的爱好是什麽?
āi, tián zhōng xiān shēng, nǐ de ài hào shì shén me ?

田中： 映画を見ることです。李さんも、日本映画を見てくださ
い。あるものは、とてもおもしろいです。

看电影。李先生也找个时间看看日本电影吧。有的很有意思呢!

kàn diàn yǐng. lǐ xiān sheng yě zhǎo ge shí jiān kàn kan rì běn diàn yǐng ba.
yǒu de hěn yǒu yì si ne!

李： ええ、ぜひ見たいです。

是啊，我真想看。

shì a, wǒ zhēn xiǎng kàn.

田中： 土曜日は、京都の市内観光の予定です。有名なお寺や、
庭園がありますから、ぜひ見てくださいね。李さんにとっ
て、きっといい思い出になるでしょう。

预计星期六在京都市内观光。建议您一定去看看有名的寺院，
庭园。那里一定会成为您美好的回忆。

yù jì xīng qī liù zài jīng dū shì nèi guān guāng. jiàn yì nín yí dìng qù kàn
kan yǒu míng de sì yuàn, tíng yuán. nà lǐ yí dìng huì chéng wéi nín měi hǎo
de huí yì.

李： ええ、楽しみにしています。特に、清水寺と銀閣寺を見た
いです。どちらも、切手の絵になっていますからね。

是啊，正盼着呢。我特别想看清水寺和银阁寺。因为邮票上有
这两座寺庙的图片。

shì a, zhèng pàn zhe ne. wǒ tè bié xiǎng kàn qīng shuǐ sì hé yín gé sì. yīn
wèi yóu piào shang yǒu zhè liǎng zuò sì miào de tú piàn.

田中： そうですね。実物は、絵よりもっと美しいですよ。

对啊，实物会比画更美的。

duì a, shí wù huì bǐ huà gèng měi de.

集(あつ)める	동	收集 shōu jí	수집하다
くれる	동	给(我) gěi(wǒ)	주다
おかげで	명	多亏 duō kuī	덕분에, 다행이
すごす	동	过, 度过 guò, dù guò	지내다, 보내다
丁寧(ていねい)だ	형	有礼貌, 小心翼翼 yǒu lǐ mào, xiǎoxīnyìyì	
			엄숙하다, 신중하다
礼(れい)	명	道谢, 行礼 dào xiè, xíng lǐ	감사, 경례
記念(きねん)	명	记念 jì niàn	기념
売(う)り出(だ)す	동	出售 chū shòu	팔다, 매각하다
手帳(てちょう)	명	手册 shǒu cè	수첩
挟(はさ)む	동	夹 jiā	끼다
移動(いどう)する	동	移动 yí dòng	이동하다
日(ひ)	명	日子 rì zi	날짜
お世話(せわ)になりました		给您添麻烦了 gěi nín tiān má fan le	
			번거롭게 하다
市内(しない)	명	市内 shì nèi	시내
観光(かんこう)	명	游览 yóu lǎn	관광
思(おも)い出(で)	명	回忆 huí yì	회상
実物(じつぶつ)	명	实物 shí wù	실물
銀閣寺(ぎんかくじ)	고명	银阁寺 yín gé sì	은각사

1. ~をくれます ~을 줍니다

A(다른 사람)がB(나, 가족)に~をくれます의 형식을 사용하여 'A가 B에게 ~을 줍니다' 라는 표현이다.

> 田中さんは、わたしに日本の切手をくれました。
> 다나카씨는 나에게 일본의 우표를 주었습니다.
> 誕生日に、父はわたしに時計をくれました。
> 생일에 아버지는 나에게 시계를 주었습니다.

2. ~は~ことです ~는~하는 것입니다

'명사 + は + 명사 + です'에서 です 앞의 명사를 동사구로 바꿀 때는 '명사 + は + 동사 구 + こと + です' 하여 명사구로 만든다.

> わたしの趣味はテニスです。 → テニスをする → わたしの趣味はテニスをすることです。
> 나의 취미는 테니스이다. →테니스를 하다 → 나의 취미는 테니스를 하는 것이다.

3. 형용사의 부사용법

형용사는 '어간 + く'의 형식으로 부사(~하게)를 만들 수 있다.

> 名前を大きく呼んでください。이름을 크게 불러주세요.
> わたしはいつも早く寝ます。나는 언제나 빨리 잡니다.

4. 형용동사의 부사용법

형용동사는 '어간 + く'의 형식으로 부사(~히, ~하게)를 만들 수 있다.

携帯電話をより便利に使います。 휴대전화를 좀 더 편리하게 사용합니다.
ありがとう、大切に使います。 고마워, 소중하게 쓰겠습니다.

5. おかげで 덕분에

あなたのおかげで(당신의 덕분에)에서 あなたの(당신의)를 생략한 것이다. 더 예의바른
표현은 おかげさまで이다.

おかげで無事ぶじに暮くらしています。 덕분에 잘 지내고 있습니다

6. 売り出す 팔기 시작하다

売ります의 ます를 出す로 바꾸어 팔다, 팔기 시작하다의 뜻을 표현한다. 出す는 기타동
사에 덧붙어 동작의 시작을 표시할 수 있다.

走り出す 달리기 시작하다   笑い出す 웃기 시작하다   読み出す 읽기 시작하다
食べ出す 먹기 시작하다

7. 黒いのは、清水寺の切手です 검은 것은 청수사의 우표입니다.

형용사나 형용동사 뒤에서 같은 명사의 중복을 피하기 위해 때로 の로 대체한다.

大きいのは、王さんの辞書です。 小さいのは、張さんのです。
큰 것은 왕씨의 사전입니다. 작은 것은 장씨의 것입니다.

8. ～と、田中さんは李さんに聞きました
～라고, 다나카씨는 이상에게 물었습니다

聞くは 듣다의 뜻이지만, 聞く에는 문의하다, 알아보다의 뜻도 있다.

明日の予定は、田中さんに聞いてください。
내일 예정은 다나카씨에게 물어봐주세요.

9. いろいろとお世話になりました 여러 가지로 신세를 졌습니다

일반적으로 헤어지기 전에 하는 작별인사이다. 그러나 일상생활에서 자기가 도움을 받은 사람에게 감사를 표시하기도 한다.

ながながお世話になりました。오랫동안 신세를 졌습니다.

10. どういたしまして 천만에요

겸손의 표현이다.

情報をありがとう。- どういたしまして。
알려주셔서 감사합니다. - 천만에요.

11. いつか 언젠가

いつ・どこ・だれ 등 의문사 뒤에 か를 붙여 정해지지 않은 시간, 장소 사람 등을 표현할 수 있다.

どこか、静かな所へ行きたいです。어딘가 조용한 곳에 가고 싶습니다.
だれか、この本を運んでください。누군가 이 책을 옮겨주세요.

12. ~にとって ~에게 있어서

앞 문장의 명사를 대상으로 뒤 문장에서 판단이나 평가를 말한다.

わたしにとって、この映画は、とてもおもしろかったです。
나에게 있어서 이 영화는 매우 재미있었습니다.
大人にとって簡単なことでも、子供どにとっては難しいことがある。
어른에게 있어서 간단한 것이라도 아이들에게는 어려운 것이 있습니다.

13. 楽しみにしています 기대하고 있습니다.

~しています의 지속 상태를 표현하는 형식으로 현재나 미래에도 계속되는 마음을 강조한다.

では、あなたからの連絡れんらくを楽たのしみにしています。
그럼, 당신부터의 연락을 기대하고 있겠습니다.

1. 다음 예문처럼 밑줄 부분으로 바꾸어 보시오.

〈예〉
友達・切手 친구・우표
→ 友達が切手をくれました。친구에게 우표를 받았습니다.

(1) 父・絵   (2) 母・セーター

(3) 兄・ネクタイ

2. 다음 예문처럼 밑줄 부분으로 바꾸어 보시오.

┌〈예〉─────────────────────────────────────┐
│   　李さんの趣味・切手を集めます。
│   　이씨는 취미・우표를 모읍니다.
│   　　→ 李さんの趣味は、切手を集めることです。
│   　　　이씨는 취미는 우표를 모으는 것입니다.
└───┘

(1)　兄の趣味・小説を読みます。

(2)　田中さんの仕事・旅行者を案内します

(3)　わたしの目的・日本へ行って勉強します

3. 다음 예문에 따라 연습하시오.

┌〈예〉─────────────────────────────────────┐
│   　楽しい・過ごしました 楽しい・보냈습니다
│   　　→ 楽しく過ごしました。즐겁게 보냈습니다
│   　丁寧だ・お礼を言いました 정중하다・감사를 전했습니다
│   　　→ 丁寧にお礼を言いました。정중하게 감사를 전했습니다
└───┘

(1)　新しい・書きました

(2)　短い・切ってください

(3)　うれしい・思いました

4. 다음 예문에 따라 연습하시오.

┌─〈예〉─────────────────────────────────────┐
│ 黒い靴はいくらですか。검은 구두는 얼마입니까? │
│ → 黒いのはいくらですか。검은 것은 얼마입니까? │
└──┘

(1) 新しい花瓶を買おうと思います。

(2) おもしろい映画を見ました。

(3) 難しい問題ができました。

제5과 북해도에 눈이 내리다

문 장

日本は土地によって、気候が違います。寒い地方と暑い地方では、生活のしかたが違います。冬になると、北海道や東北地方では、雪が降ります。雪の多い地方では、3メートル以上積もることがあります。11月から3月にかけて、人々は雪の中で暮します。そのため、屋根や道路の雪を取り除かないと、生活することができません。屋根の上の雪を取り除くのは、たいへんです。なかには、人を雇って、雪を下ろす家もあります。

東京では 冬になっても あまり雪は降りません。

ですから 人々は雪に慣れていません。

少し雪が積もっても、町中か混乱します。電車が止まったり、車が事故をおこしたりすることがあります。

日本各地区的气候不同。寒冷地区和炎热地区的生活方式不同。一到冬天，北海道，东北地区就下雪。雪多的地区，有时积雪达3米以上。从11月到3月，人们在雪的世界中生活。因此，不清除屋顶和道路上的雪就不能生活。清除屋顶上的雪是一件很费力的工作，有的人家干脆雇人除雪。

东京即使到冬天也不怎麽下雪。所以人们很不习惯下雪天。即使存积少量的雪，也会在城市里引起混乱。有时电车停止运行，甚至发生交通事故。

rì běn gè dì qū de qì hòu bù tóng. hán lěng dì qū hé yán rè dì qū de shēng huó fāng shì bù tóng. yí dào dōng tiān, běi hǎi dào, dōng běi dì qū jiù xià xuě. xuě duō de dì qū, yǒu shí jī xuě dá sān mǐ yǐ shàng. cóng shí yī yuè dào sān yuè, rén men zài xuě de shì jiè zhōng shēng huó. yīn cǐ, bù qīng chú wū dǐng hé dào lù shang de xuě jiù bù néng shēng huó. qīng chú wū dǐng shang de xuě shì yí jiàn hěn fèi lì de gōng zuò, yǒu de rén jiā gàn cuì gù rén chú xuě.

dōng jīng jí shǐ dào dōng tiān yě bù zěn me xià xuě. suǒ yǐ rén men hěn bù xí guàn xià xuě tiān. jí shǐ cún jī shǎo liàng de xuě, yě huì zài chéng shì lǐ yǐn qǐ hùn luàn. yǒu shí diàn chē tíng zhǐ yùn xíng, shèn zhì fā shēng jiāo tōng shì gù.

王： おや、雪^{ゆき}ですね。

啊，下雪了。

ā，xià xuě le。

田中： ええ。今夜^{こんや}は、積^つもるかもしれませんよ。

是啊，今天夜里也许会积雪。

shì a, jīn tiān yè lǐ yě xǔ huì jī xuě.

王： 東京^{とうきょう}でも、積^つもることがあるんですか。

东京有时也积雪吗?

dōng jīng yǒu shí yě jī xuě ma?

田中： ええ、たまに積もります。雪が積もると、きれいですが、電車が止まったり、道路が閉鎖になったりすることがあります。

是的，偶尔积雪。积雪的时候，虽然看上去很美，但有时造成电车停运，甚至封路。

shì de, ǒu ěr jī xuě. jī xuě de shí hou, suī rán kàn shàng qù hěn měi, dàn yǒu shí zào chéng diàn chē tíng yùn, shèn zhì fēng lù.

王： 雪の多い地方では、もっとたいへんでしょうね。

雪多的地区更不好办啦。

xuě duō de dì qū gèng bù hǎo bàn la.

田中： ええ。積もった雪を取り除かないと、家がつぶれたりしますからね。作物が、雪の被害を受けることもあります。

是啊，因为不能清除积雪，房子会被压坏的，庄稼有时也因为积雪受损失。

shì a, yīn wèi bù néng qīng chú jī xuě, fáng zi huì bèi yā huài de, zhuāng jia yǒu shí yě yīn wèi jī xuě shòu sǔn shī.

王： 北京では、雪が積もることはめったにありません。わたしは、経験がありませんが、雪国の生活はたいへんでしょうね。

北京很少积雪。我没有这方面的经验，多雪地区的生活也很不方便吧?

běi jīng hěn shǎo jī xuě. wǒ méi yǒu zhè fāng miàn de jīng yàn, duō xuě dì qū de shēng huó yě hěn bù fāng biàn ba?

積もる(つもる)	동	积, 堆积	jī, duī jī	쌓이다
暮す(くらす)	동	生活, 度日	shēng huó, dù rì	생활하다
そのため		因此	yīn cǐ	그래서
屋根(やね)	명	屋顶, 房顶	wū dǐng, fáng dǐng	지붕
道路(どうろ)	명	道路	dào lù	도로
取り除く(とりのぞく)	동	清除	qīng chú	청소하다
なかには		其中	qí zhōng	그 중
雇う(やとう)	동	雇	gù	고용하다
下ろす(おろす)	동	落下	luò xià	떨어지다
ですから		所以	suǒ yǐ	그래서
慣れる(なれる)	동	习惯	xí guàn	습관되다
混乱する(こんらんする)	동	混乱	hùn luàn	혼란하다
止まる(とまる)	동	停止	tíng zhǐ	정지하다
事故(じこ)	명	事故	shì gù	사고
起こす(おこす)	동	发生	fā shēng	발생하다
おや		哎	āi	감탄사
たまに		偶尔	ǒu'ěr	가끔
閉鎖(へいさ)	명	封闭	fēng bì	폐쇄, 봉쇄
つぶれる	동	坏	huài	나쁘다
作物(さくもつ)	명	庄稼	zhuāng jia	농작물
被害(ひがい)	명	受害, 受损失	shòu hài, shòu shǔn shī	수해
めったに	부	很少	hěn shǎo	매우 적다
経験(けいけん)	명	经验	jīng yàn	경험
雪国(ゆきぐに)	명	多雪地区	duō xuě dì qū	눈이 많이 내리는 지역
東北(とうほく)	고명	东北	dōng běi	동북(일본의 북쪽)

문법 및 어구 해석

1. ～と、～ 　～하면(반드시) ～한다, ～하자마자

자연, 심리, 길 안내, 습관 등 변함없는 진리나 서술문에 쓰인다. と 앞의 동사는 기본형을 쓴다.

春になると、暖かくなります。봄이 되면 따뜻해집니다.
家に着くと　何時になりますか。집에 도착하면 몇 시가 됩니까?

어떤 동작이 일어난 후에 이어서 다른 동작이 일어나는 것을 표현한다.

夜になると、気温が下がります。밤이 되면 기온이 내려갑니다.

2. ～ても、～ 　～해도, ～하더라도

앞 문장에서 서술한 사물이나 현상이 뒤 문장에서 실현되지 않거나 반대의 현상을 나타낸다.

夜になっても、気温が下がりません。밤이 되어도 기온이 내려가지 않습니다.

3. ～ことがあります 　～할 때가 있다

항상은 아니지만 때때로 그렇게 한다고 말하고자 할 때 사용하는 표현이다.

会社まで近いので、ときどき自転車で行くことがあります
회사까지 가깝기 때문에 종종 자전거를 타고 갈 때가 있습니다.

4. ですから ～이므로, 그러니까

원인, 이유를 표현하는 문장에서 결과를 표시한다.

今年は雪が降りません。ですから、スキーができません。
올해는 눈이 오지 않습니다. 그렇기 때문에 스키를 탈 수 없습니다.

5. 11月から3日にかけて ～부터 ～까지

AからBにかけて의 형식은 AからBまで와 똑같이 어떠한 기간을 표시한다. A는 시작되는 시간, B는 시간이다. AからBまで는 지속되는 시간을 AからBにかけて는 간헐적인 시간을 표시한다.

8時から9時まで, 雨が降りました。8시부터 9시까지 비가 왔습니다.
8時から9時にかけて, 雨が降りました。8시부터 9에 걸쳐 비가 왔습니다.

6. 雪に慣れていません 눈에 익숙하지 않습니다.

慣れます는 변화를 표현하고, 慣れています는 상태를 표현한다. 표현하는 대상 뒤에 に를 사용한다.

日本の食事に慣れましたか。ー いいえ、まだ慣れていません。
일본의 식사는 익숙해졌습니까? ― 아니요, 아직 익숙해지지 않았습니다.
田中さんは、車の渋滞に慣れています。
다나카씨는 차가 밀리는 것에 익숙해져있습니다.

7. たまに 가끔

횟수가 많지 않음을 표현하는 부사이다.

たまにピアノを弾きます。가끔 피아노를 칩니다.
たまにバスで帰ることがあります。가끔 버스로 돌아갈 때도 있습니다.

8. めったに～ありません 거의 ～하지 않습니다.

めったに 뒤에 부정이 따라 가능성의 횟수가 매우 적음을 표현한다. ほとんど～ありませ
ん의 의미와 비슷하다.

父は、めったに手紙を書きません。아버지는 거의 편지를 쓰지 않습니다.
田中さんが会社を休むことは、めったにありません。
다나카씨는 회사를 쉬는 일이 거의 없습니다.

9. そのため 그렇기 때문에

앞 뒤 문장의 인과관계를 표현한다. 앞은 원인, 이유를 뒤는 결과를 표현한다.

事故がありました。そのため、電車が止まっています。
사고가 있었습니다. 그렇기 때문에 전철이 멈춰있습니다.
熱があります。それため、食欲がありません。
열이 납니다. 그렇기 때문에 식욕이 없습니다.

10. なかには 개중에는

なかには～が(も)います(おません)・あります(ありません)의 형식을 사용하여 다수 가운
데 다른 것을 표현한다.

中なかにはいいのも混じっています。개중에는 좋은 것도 섞여 있습니다.

1. 다음 예문에 따라 연습하시오.

> ―〈예〉―
>
> 冬になります　　・雪は降ります　겨울이 됩니다　・눈이 옵니다
> → 冬になると、雪が降ります。 겨울이 되면 눈이 옵니다.

(1)　春になります・花が咲きます

(2)　この薬を飲みます・病気が治ります

(3)　右に行きます・銀行があります

2. 다음 예문에 따라 연습하시오.

> ―〈예〉―
>
> 冬になります・雪が降りません　겨울이 됩니다・눈이 오지 않습니다
> → 冬になっても、雪が降りません。
> 겨울이 되었지만 눈이 오지 않습니다.

(1)　毎日練習します・上手になりません

(2)　薬を飲みます・熱が下がりません

(3)　先生に聞きました・よくわかりませんでした

3. 다음 예문에 따라 연습하시오.

〈예〉

日本語の授業を休みます。일본어 수업을 쉽니다.

→　日本語の授業を休むことがあります。

일본어 수업을 쉴 때가 있습니다.

---

(1)　宿題を忘れます。

(2)　頭が痛くなったり、のどが痛くなったりします。

(3)　ときどき御飯を食べながら、新聞を読みます。

제6과 설을 쇠다

문 장

(1)

<ruby>田中<rt>たなか</rt></ruby>さんは、<ruby>元旦<rt>がんたん</rt></ruby>に、<ruby>初<rt>はつ</rt></ruby>もうでに<ruby>行<rt>い</rt></ruby>くつもりです。

<ruby>田中<rt>たなか</rt></ruby>さんの<ruby>会社<rt>かいしゃ</rt></ruby>は、1<ruby>月<rt></rt></ruby>3<ruby>日<rt>いちがつみっか</rt></ruby>まで<ruby>休<rt>やす</rt></ruby>みなので、<ruby>家<rt>いえ</rt></ruby>でのんびり<ruby>過<rt>す</rt></ruby>ごす

ことにしました。

3<ruby>日<rt>みっか</rt></ruby>には、<ruby>田中<rt>たなか</rt></ruby>さんの<ruby>家<rt>いえ</rt></ruby>に<ruby>親戚<rt>しんせき</rt></ruby>のひとが

<ruby>集<rt>あつ</rt></ruby>まることににになりました。

<ruby>王<rt>おう</rt></ruby>さんは、<ruby>日本<rt>にほん</rt></ruby>の<ruby>初<rt>はつ</rt></ruby>もうでの<ruby>様子<rt>ようす</rt></ruby>を<ruby>見<rt>み</rt></ruby>たいそうです。

田中打算元旦去初次参拜。田中所在的公司休息到1月3号。他决定在家里悠闲地度假。3号亲戚要来田中家聚会。据说小王想看看日本初次参拜的情况。

　　tián zhōng dǎ suan yuán dàn qù chū cì cān bài. tián zhōng suǒ zài de gōng sī xiū xi dào yī yuè sān hào. tā jué dìng zài jiā lǐ yōu xián de dù jià. sān hào qīn qī yào lái tián zhōng jiā jù huì. jù shuō xiǎo wáng xiǎng kàn kan rì běn chū cì cān bài de qíng kuàng.

(2)

日本では、お正月を新暦で祝います。

大みそかになると、除夜の鐘が鳴ります。

鐘の音は、日本中で聞こえます。

田中さんは、元旦に、初もうでに行くつもりです。

そして、家族の健康と幸福を、お祈りつるつもりです。

王さんと張さんは、前から、初もうでの様子を

見たかったそうです。

元旦に、田中さんと行くことにしました。

ところが、張さんが風邪をひいたので、王さんだけ、

いっしょに行くことになりました。

日本是按阳历过新年。到了大年三十儿，除夕的钟声就响了。整个日本都听得见钟声。田中打算元旦去初次参拜。以此祈祷全家人的健康和幸福。据说小王和小张早就想看看初次参拜的场面。于是决定元旦跟着田中一起去。可是小张感冒了，所以只有小王跟田中一起去了。

rì běn shì àn yáng lì guò xīn nián. dào le dà nián sān shír, chú xī de zhōng shēng jiù xiǎng le. zhěng gè rì běn dōu tīng de jiàn zhōng shēng. tián zhōng dǎ suan yuán dàn qù chū cì cān bài. yǐ cǐ qí dǎo quán jiā rén de jiàn kāng hé xìng fú. jù shuō xiǎo wáng hé xiǎo zhāng zǎo jiù xiǎng kàn kan chū cì cān bài de chǎng miàn. yú shì jué dìng yuán dàn gēn zhe tián zhōng yì qǐ qù. kě shì xiǎo zhāng gǎn mào le, suǒ yǐ zhǐ yǒu xiǎo wáng gēn tián zhōng yì qǐ qù le.

田中： あけましておめでとうございます。

恭賀新年。

gōng hè xīn nián。

王： 新年、おめでとうございます。

新年好!

xīn nián hǎo !

田中： 初もうでは、初めてだそうですね。たいへんな人出でしょう。

听说你是第一次来初次参拜啊。人太多了。

tīng shuō nǐ shì dì yí cì lái chū cì cān bài a. rén tài duō le.

王： ええ。本当にたくさんの人ですね。着物を着た女性の姿も見えます。

是啊，人真多啊! 还能见到穿和服的妇女。

shì a, rén zhēn duō a ! hái néng jiàn dào chuān hé fú de fù nǚ.

田中：初もうでで、みんな家族の健康や幸福を祈るんですよ。中国では、お正月を旧暦で祝うんでしょう。

大家都在初次参拜的时候，祈祷全家人的健康和幸福。中国是按阴历过新年吧?

dà jiā dōu zài chū cì cān bài de shí hou, qí dǎo quán jiā rén de jiàn kāng hé xìng fú. zhōng guó shì àn yīn lì guò xīn nián ba?

王： はい、春節と言います。日本のお正月より、1ヶ月ほど遅いんです。

是的，叫春节。比日本的新年大约迟一个月。

shì de, jiào chūn jié. bǐ rì běn de xīn nián dà yuē chí yí gè yuè.

田中：王さんは、春節には、北京に帰らないそうですね。

听说王先生春节不回北京了，是吗?

tīng shuō wáng xiān sheng chūn jié bù huí běi jīng le, shì ma?

王： はい。帰るつもりでしたが、大学の試験があるので、あき

らめました。

嗯，原来打算回去，可是因为大学要考试，就算了。
èn, yuán lái dǎ suan huí qù, kě shì yīn wèi dà xué yào kǎo shì, jiù suàn le.

田中： そうですか。それは、残念ですね。

是吗? 那可太遗憾啦!
shì ma? nà kě tài yí hàn la!

元旦(がんたん)	명	元旦 yuán dàn	설날
初もうで(はつもうで)	명	初次参拜 chū cì cān bài	신년인사
のんびり	부	悠闲, 舒坦 yōu xián, shū tǎn	편안하다
親戚(しんせき)	명	亲戚 qīn qī	친척
集まる(あつまる)	동	聚集 jù jí	모이다
様子(ようす)	명	样子, 情况 yàng zi, qíng kuàng	모양
お正月(おしょうがつ)	명	新年, 过年 xīn nián, guò nián	새해
新暦(しんれき)	명	阳历 yáng lì	양력
祝う(いわう)	동	祝贺, 庆祝 zhù hè, qìng zhù	축하하다
大みそか(おおみそか)	명	除夕 chú xī	섣달그믐
除夜の鐘(じょやのかね)	명	除夕钟声 chú xī de zhōng shēng	제야의 종소리
鳴る(なる)	동	鸣, 响 míng, xiǎng	울리다
鐘(かね)	명	钟 zhōng	종
音(おと)	명	声, 声音 shēng, shēng yīn	소리
聞こえる(きこえる)	동	听得见 tīng de jiàn	들리다
そうして	접	于是, 这样 yú shì, zhè yàng	그래서
健康(けんこう)	명	健康 jiàn kāng	건강
幸福(こうふく)	명	幸福 xìng fú	행복
お祈りする(おいのりする)	동	祈祷, 祝福 qǐ dǎo, zhù fú	기도하다
ところが	접	可是 kě shì	그러나
ひく	명	感冒 gǎn mào	감기
あけましておめでとうございます		新年好 xīn nián hǎo	신년을 축하하다
新年(しんねん)	명	新年 xīn nián	신년
人出(ひとで)	명	外出的人 wài chū de rén	외출하는 사람
着物(きもの)	명	和服 hé fú	일본식 복장
女性(じょせい)	명	女性, 妇女 nǚxìng, fùnǚ	여성
姿(すがた)	명	姿态 zī tài	자태

見える(みえる)	동	看得见　kàn de jiàn	보인다
祈る(いのる)	동	祈祷　qǐ dǎo	기도하다
旧暦(きゅうれき)	명	阴历　yīn lì	음력
春節(しゅんせつ)	명	春节　chūn jié	설
あきらめる	동	算了　suàn le	그만두다, 됐다
残念(ざんねん)だ	형,동	遗憾　yí hàn	유감이다

문법 및 어구 해석

1. ～つもりです　～할 생각입니다

つもり는 확정된 것은 아니지만, 무엇을 할 생각이 있을 때 사용하고, 予定(よてい)는 확정된 예정이나 주위 상황이 해야만 할 예정을 표현한다.

夏休みに、旅行するつもりです。
여름방학에 여행을 할 생각입니다.
明日から、日本語の勉強を始めるつもりです。
내일부터 일본어를 공부하기 시작할 생각입니다.

2. ～ことにします　～하기로 합니다

어떤 일을 결정하는 의지를 표현한다. 동사 기본형 + ことにする의 형식으로 '～하기로 하다'이다.

頭が痛いので、今日は会社を休むことにします。
머리가 아프기 때문에 오늘은 회사를 쉬기로 합니다.
今度の日曜日は、図書館で勉強することにします。
이번 주 일요일은 도서관에서 공부를 하기로 합니다.

3. ～ことになります　～하게 되었습니다

어떤 일이 자기의 의지와 상관없이 결정되어 있는 것을 표현한다.

この工場は、閉鎖することになりました。
이 공장은 패쇄하게 되었습니다.
来月は、試験を受けないことになりました。
다음 달은 시험을 보지 않게 되었습니다.

4. ～そうです　～인 것 같습니다　～인 듯합니다

말하는 사람의 판단, 추측, 예감을 나타내는 표현이다.

北京は、まだ寒いそうです。
북경은 아직 춥다고 합니다.
王さんは、日本の初もうでの様子を見たいそうです。
왕씨는 일본의 첫 참배의 모습을 보고 싶은 것 같습니다.

5. ～でしょう　～지요

자신의 말, 행동에 대해 상대방에게 동의를 구하는 표현이다.

あそこに山が見えるでしょう. はい、見えます。
저기의 산이 보이지요? 네, 보입니다.
王さんは学生でしょう.　はい、そうです。東京大学の学生です。
왕씨는 학생이지요? 네, 그렇습니다. 도쿄대학의 학생입니다.

6. 初もうで　첫 참배

신년에 처음 신사나 사원을 참배하는 표현이다.

はつもうで(初もうで・初詣で)　정월의 첫 참배

7. のんびり　한가롭게

마음이 한가롭거나 행동이 느긋함을 표현한다.

休みの日には、うちでのんびりしたいですよ。
쉬는 날에는 집에서 한가롭게 보내고 싶습니다.
のんびりテレビを見ていたので、学校に遅れました。
한가롭게 텔레비전을 보고있었기 때문에 학교에 늦었습니다.

8. 除夜の鐘　제야의 종

신년이 시작될 때 절에서 울리는 종소리

9. そうして　그리고

앞 뒤 문장을 연결하는 기능을 한다. 그리고와 의미가 같다.

田中さんは、ラジオを聞いています。そうして、中国語の勉強をしています。
다나카씨는 라디오를 듣고 있습니다. 그리고 중국어를 공부하고 있습니다.

10. お祈りする　기도하다

동사 祈る(기도하다)의 존경어로 神仏에 대하여 존경을 표시한다.

11. ところが　그런데, ~한 (결과)

ところが는 연용형에 접속하여 앞 문장의 결과를 연결시킨다.

遠足の日だ、ところが雨で中止になった。
소풍날이었다. 그런데 비가와서 중지되었다.
彼に話したところ喜んで引き受けた。
그에게 얘기한 결과 기쁘게 받아들여주었다.

12. 風邪をひく 감기에 걸리다

風邪をひく는 감기에 걸리다의 습관적인 표현법이다. ひく와 발음이 같은 기타 각종 표현법에 다음과 같은 것이 있다.

ピアノを弾く → 純子さんは、ピアノを弾くのが上手です。
피아노를 치다 → 쥰코씨는 피아노를 치는 것에 능숙합니다.
辞書を引く → 辞書を引くと、この言葉があります。
사전에서 찾다 → 사전에서 찾아보니 이 말이 있었습니다.

13. あけましておめでとうございます 새해 복 많이 받으세요

구두어와 서면어에서 모두 쓸 수 있는 신년에 하는 인사말이다. おめでとうございます는 축하를 표현하는 어휘로 생일, 졸업, 취직, 결혼 등 광범위하게 쓸 수 있다.

14. ～と言います ～라고 합니다

다른 사람이 말한 내용을 표시하지만, 다른 사람의 이름이나 사물의 명칭도 표현할 수 있다.

この駅は、吉祥寺と言います。이 역은 기치조지라고 합니다.
わたしは、田中と言います。저는 다나카라고 합니다.

1. 다음 밑줄 친 부분을 예문에 따라 연습하시오.

> ┌〈예〉───────────────────────────────┐
> 医者になります。 → 医者になるつもりです。
> 의사가 됩니다. → 의사가 될 생각입니다.
> 学校に行きません。 → 学校に行かないつもりです。
> 학교에 가지 않습니다. → 학교에 가지 않을 생각입니다.
> └──────────────────────────────────┘

(1) おみやげにラジオ・カセットを買います。

(2) 明日は、どこへも行きません。

(3) お正月に、家へ帰りません。

2. 다음 예문에 따라 연습하시오.

> ┌〈예 1〉──────────────────────────────┐
> 明日、会いに行きます。 내일 만나러 갑니다.
> → 明日、会いに行くことにします。 내일 만나러 가기로 했습니다.
> └──────────────────────────────────┘

(1) 友達に借ります。

(2) 仕事をしながら、コンピュータの勉強をはじめます。

(3) 電車が止まっているので、会社まで歩きます。

〈예 2〉

試験は難しいです。시험은 어렵습니다.

→ 試験は難しいそうです。시험은 어렵다고 합니다.

(1) あの店は、安くておいしいです。

(2) 純子さんは、ピアノを弾くのが上手です。

(3) これは、イギリスの教科書です。

〈예3〉

昨日は暑かったです。어제는 더웠습니다.

→ 昨日は暑かったそうです。어제는 더웠다고 합니다.

(1) 歌舞伎の公演はすばらしかったです。

(2) 雪の被害は大きかったです。

(3) 昔、ここはとても不便でした。

제7과 교자를 만들다

문 장

(1)

<ruby>北京<rt>ベキン</rt></ruby>では、<ruby>大<rt>おお</rt></ruby>みそかに、お<ruby>正月用<rt>しょうがつよう</rt></ruby>の<ruby>餃子<rt>ギョーザ</rt></ruby>を<ruby>作<rt>つく</rt></ruby>っておきます。

<ruby>餃子作<rt>ギョーザづく</rt></ruby>りは<ruby>楽<rt>たの</rt></ruby>しいので、みんな、<ruby>時間<rt>じかん</rt></ruby>がたつのを<ruby>忘<rt>わす</rt></ruby>れてしまいます。

テレビで<ruby>見<rt>み</rt></ruby>ましたが、2<ruby>月<rt>がつ</rt></ruby>の<ruby>北京<rt>ベキン</rt></ruby>は、とても<ruby>寒<rt>さむ</rt></ruby>そうです。

北京在除夕那天，提前包好新年吃的饺子。一起包饺子很有意思，所以大家都忘记过去了多长时间。从电视上看，2月的北京似乎很冷。

bĕi jīng zài chú xī nà tiān, tí qián bāo hǎo xīn nián chī de jiǎo zi. yì qǐ bāo jiǎo zi hĕn yǒu yì si, suǒ yǐ dà jiā dōu wàng jì guò qù le duō cháng shí jiān. cóng diàn shì shang kàn, èr yuè de bĕi jīng sì hū hĕn lĕng.

(2)

日本では、お餅を食べて、お正月を祝います。

北京では、餃子を食べて、お正月を迎えます。

お正月用の餃子は、大みそかに作っておきます。

そして、お正月に餃子を食べます。

それぞれの家庭に、それぞれ違った餃子の味が、あるそうです。

家族の多い家は、たくさん作っておかないと、すぐになくなって

しまいます。

今日、テレビで北京の春節の様子を、紹介していました。

「2月の北京は、とても寒いです。

でも、家族そろって、温かい餃子を囲む様子は、和やかで楽しそ

うです。

それぞれの家には、その家にしかない餃子の味はあります。

とても、おいしいですよ。」

アナウンサーは、そう話していました。

それを見て、王さんはとても懐かしそうでした。

日本过新年吃年糕。北京迎新年吃饺子。新年吃的饺子在除夕那天提前包好。那样，过年就能吃上饺子了。据说每家的饺子各具风味。人口多的家庭。如果不多包一些，一顿就会吃光的。

今天，电视里介绍了北京的春节。播音员说：'2月的北京非常寒冷。但是，一家人团聚一堂，围着热腾腾的饺子的情景，看上去既和睦又愉快。每个家庭的饺子，都有其特殊的味道，看上去很好吃。'看到这些，小王很怀念亲人。

rì běn guò xīn nián chī nián gāo. běi jīng yíng xīn nián chī jiǎo zi. xīn nián chī de jiǎo zi zài chú xī nà tiān tí qián bāo hǎo. nà yàng, guò nián jiù néng chī shang jiǎo zi le . jù shuō měi jiā de jiǎo zi gè jù fēng wèi. rén kǒu duō de jiā tíng. rú guǒ bù duō bāo yì xiē, yí dùn jiù huì chī guāng de.

jīn tiān , diàn shì lǐ jiè shao le běi jīng de chūn jié. bō yīn yuán shuō : 'èr yuè de běi jīng fēi cháng hán lěng. dàn shì, yì jiā rén tuán jù yì táng ,wéi zhe rè téng téng de jiǎo zi de qíng jǐng, kàn shàng qù jì hé mù yòu yú kuài. měi gè jiā tíng de jiǎo zi, dōu yǒu qí tè shū de wèi dào, kàn shàng qù hěn hǎo chī. 'kàn dào zhè xiē, xiǎo wáng hěn huái niàn qīn rén.

田中： テレビを見ている時は、懐かしいようでしたね。

您看电视时，好像很怀念亲人啊。

nín kàn diàn shì shí, hǎo xiàng hěn huái niàn qīn rén a.

王 ： ええ。家族のことを、思い出したんです。

是啊，想起家人了。

shì a, xiǎng qǐ jiā rén le。

田中： もう半年以上、帰っていないんでしょう。

已经半年多没回去了吧? 在日本的生活一定感到寂寞吧?

yǐ jīng bàn nián duō méi huí qù le ba? zài rì běn de shēng huó yí dìng gǎn dào jì mò ba?

王 ： ええ。ときどき、寂しく感じることもあります。

是啊，有时感到寂寞.

shì ā, yǒu shí gǎn dào jì mò.

田中： 家族(かぞく)の皆(みな)さんは、お変(かわ)りないですか。

家里人都好吗?

jiā li rén dōu hǎo ma?

王： はい。最近(さいきんき)来た手紙(てがみ)の中(なか)に写真(しゃしん)が入(はい)っていました。みんな
元気(げんき)そうです。

都很好。最近寄来的信里有照片。看上去都很健康。

dōu hěn hǎo. zuì jìn jì lái de xìn li yǒu zhào piàn. kàn shàng qù dōu hěn
jiàn kāng.

田中： 今年(ことし)の春節(しゅんせつ)は、家族(かぞく)のみなさんも、寂(さび)しかったでしょうね。

今年春节，家里人也会想您的。

jīn nián chūn jié, jiā li rén yě huì xiǎng nín de。

王 ： ええ。春節に帰らないことは、去年、手紙で知らせておき
ました。母から返事が来ましたが、残念そうでしたよ。

嗯，去年已经写信告诉说春节不回去了。母亲在回信中还表示
遗憾呢。

èn , qù nián yǐ jīng xiě xìn gào sù shuō chūn jié bù huí qù le. mǔ qīn zài
huí xìn zhōng hái biǎo shì yí hàn ne.

田中 ： もうすぐ、大学も始まるんでしょう。

大学很快就要开学了吧?

dà xué hěn kuài jiù yào kāi xué le ba ?

王 ： ええ、来週からです。

是的，下星期开学.

shì de, xià xīng qī kāi xué.

田中 ： 宿題のレポートは、もう書いてしまいましたか。

布置的读书报告已经写完了吗?

bù zhì de dú shū bào gào yǐ jīng xiě wán le ma ?

王： はい、もうかきました。試験も近いので、そろそろ、準備
をしておかなければなりません。

已经写完了。临近考试了，该作准备了。
yǐ jīng xiě wán le. lín jìn kǎo shì le, gāi zuò zhǔn bèi le.

田中： それでは、来週から、また忙しくなりますね。

那麼，下周开始又要忙起来啦。
nà me, xià zhōu kāi shǐ yòu yào máng qǐ lái la.

餅(もち)	명	年糕　nián gāo	설떡
それぞれ	명	各自　gè zì	각자
家庭(かてい)	명	家庭　jiā tíng	가정
なくなる	동	精光, 没有了　jīng guāng, méi yǒu le	
			없어지다, 깨끗하다, 말끔하다
そろう	동	齐全　qí quán	완전히 갖추다
囲む(かこむ)	동	围　wéi	에워 싸다
和やかだ(なごやかだ)	형,동	和睦, 友好　hé mù, yǒu hǎo	화목하다
アナウンサー	명	播音员　bō yīn yuán	아나운서
懐かしい(なつかしい)	형	怀念　huái niàn	그리워하다
思い出す(おもいだす)	동	想起　xiǎng qǐ	생각하다
半年(はんとし)	명	半年　bàn nián	반년
寂しい(さびしい)	형	寂寞　jì mò	적막하다
感じる(かんじる)	동	感到, 感觉　gǎn dào, gǎn jué	느끼다
お変りない(おかわりない)			변함없다
知らせる(しらせる)	동	告诉, 通知　gào su, tōng zhī	알리다
レポート	명	报告　bào gào	보고, 리포트
準備(じゅんび)	명	准备　zhǔn bèi	준비
それでは	접	那麼　mà me	그러면

1. ~ておきます　~해둡니다

목적을 위해 어떤 행위를 준비한다는 뜻이다. 의지형 동사에 연결된다.

明日の朝6時に出かけます。今夜準備をしておきましょう。
내일 아침 6시에 나갑니다. 오늘 밤에 준비를 해둡시다.
明日は試験ですから、勉強しておいてください。
내일은 시험이기 때문에 공부를 해두세요.

2. てしまいます　~하고 맙니다.

동작이나 의도가 모두 끝났음을 표현한다. 때로는 완전히 끝이나 만회할 수 없는 심정을 표현한다.

この本は、もう読んでしまいました。
이 책은 벌써 읽어버렸습니다.
バスの中に、傘を忘れてしまいました。
버스 안에서 우산을 잃어버리고 말았습니다.

3. ~そうです　~할 것 같습니다

주위 상황이나 사물의 외관을 근거로 말하는 사람의 추측, 애감을 판단한다. そう 앞이 동사일 경우, ます形의 ます를 そうです로 바꾼다. 형용사나 형용동사는 '어간 + そう'형식을 쓴다.

今年の夏は　暑くなりそうです。 올 여름은 더워질 것 같습니다.
これはじょうぶそうで、いいくつですね。 이것은 튼튼할 것 같아서 좋은 구두네요

4. ~用の~ ~용(도)의~

명사 뒤에 붙어 '~が·に·で使うため'를 표현한다. 즉 어떠한 용도로 쓴다는 의미이다.

子供用のいす。 어린이용 의자
家庭用の電器製品。 가정용 전기제품

5. 餃子作り 교자 만들기

복합명사로 만두를 만들었다는 의미이다.

花作り 꽃(다발)만들기   本作り 책 만들기   りんご作り 사과재배(만들기)
パン作り 빵 만들기

6. 違った餃子の味 다른 교자의 맛

違ったと는 동사 た形이지만, 연체수식으로 과거가 아닌 상태를 표현한다. 만두의 맛이 다르다는 의미이다.

7. ~そろって ~모여서

전체가 어떤 일을 함께한다는 의미이다.

家族そろって、初もうでに行きました。
가족들이 모여서 첫 참배를 갔습니다.
みんなそろって、買い物に出かけました。
모두가 모여서 쇼핑을 하러 갔습니다.

8. ~しか　～밖에

しか 뒤에는 부정형식을 동반하여 앞의 사물을 제한 한다.

しか 앞의 사물을 부정하는 것이 아니라, 이 이외의 사물이다. しか는 다른 조사 뒤에 위치한다.

このことは、田中さんにしか話していません。
이건 다나카씨에게 밖에 말하지 않았습니다.
アメリカ人は、彼だけしか知りません。
미국인은 그밖에 모릅니다.

9. ～くありません　～하지 않습니다.

형용사를 부정할 때는 기본형 어미 い를 く로 고치고 ありません를 붙인다.

い형용사의 부정형을 표현한 정중체이다. 또한 '어간 + くない'의 형식으로 부정할 수 있다.

長くないです　＝ 長くありません 길지 않습니다
広くないです　＝ 広くありません 넓지 않습니다
寂くないですか ＝ 寂しくありませんか 외롭지 않습니까?

10. お変わりないですか　변함없이 잘 지내고 계십니까?

상대방이 편안한지 안부를 묻는 표현으로 お変わりありませんか라고 표현한다. 동사 뒤에 조동사 ない와 조사 で가 붙은 형태이다.

11. そろそろ　곧

어떤 행동이나 상태가 시작된 시간, 기일이 곧 다가오는 것을 표현한다.

バスはそろそろ来るでしょう。 버스가 곧 오겠지요.
わたしはそろそろ出かけます。 저는 곧 나갑니다.

12. それでば　그래서

화제를 전환하거나 새로운 화제를 시작할 때 사용한다. では와 의미가 같다.

お金がない。それでば旅行に行けない。 돈이 없다. 그래서 여행을 못 간다.

다음 예문처럼 밑줄 부분으로 바꾸어 보시오.

〈예 1〉
旅行する・電車の切符を買う 여행하다・전철 표를 사다
→ 旅行するので、電車の切符を買っておきます。
여행을 할 것이기 때문에 전철 표를 사둡니다.
---

(1) 夏休みに旅行する・ホテルを予約する

(2) 日曜日に田中さんに会いたい・電話をかける

(3) 来月日本へ行く・日本の友達に手紙を書く

┌─〈예 2〉───┐
│　　宿題をする　　宿題を 하다
│　　　→　もう宿題を<u>して</u>しまいました。벌써 숙제를 해버렸습니다.
└──┘

　(1)　レポートを書く

　(2)　お金を全部使う

　(3)　料理を作る

┌─〈예 3〉───┐
│　　あの料理・おいしい　그 요리・맛있다
│　　　→　<u>あの料理</u>は<u>おいし</u>そうです。→ <u>그 요리</u>는 <u>맛있어</u>보입니다.
└──┘

　(1)　あの店・値段が高い

　(2)　あの人・悲しい

　(3)　明日・天気がいい

┌─〈예 4〉───┐
│　　あの店員・親切だ　그 점원・친절하다
│　　　→　<u>あの店員</u>は<u>親切</u>そうです。→ <u>그 점원</u>은 <u>친절하다고</u> 합니다.
└──┘

　(1)　仕事・大変だ

　(2)　あのレストラン・静かだ

　(3)　操作・複雑だ

제8과 농작물이 자라다

문 장

(1)

あめ ふ さくもつ そだ
雨が降らなければ、作物は育ちません。

あたた さくもつ そだ
暖かければ、作物はよく育ちます。

のうぎょう きかい つか ひと すく おお しゅうかく あ
農業機械を使えば、人が少なくても、多くの収穫を上げることは

できます。

如果不下雨，　庄稼就不生长。如果天气暖和，庄稼就会长得好。

如果使用农业机械，人手少也能收获更多。

rú guǒ bú xià yǔ，　zhuāng jia jiù bù shēng zhǎng。rú guǒ tiān qì nuǎn huo，zhuāng jia jiù huì zhǎng dé hǎo。

rú guǒ shǐ yòng nóng yè jī xiè，rén shǒu shǎo yě néng shōu huò gèng duō。

(2)

稲は、もともと熱帯地方の植物です。

100年ほど前までは、暖かい土地でなければ、実りませんでした。

そして、1年の平均気温が20度以上でなければ、収穫できませんでした。

しかし、寒さに強い品種ができて、寒い地方にも米作りが広まりました。

寒さに強い品種のほかに、味のいい品種の開発も盛んです。

昔、日本では、トマトやきゅうりは、夏にならなければ、食べることができませんでした。

しかし、今では、1年中食べることができます。

ビニルハウスによる促成栽培の技術が、進歩したからです。

今でも、秋や冬には、トマトやきゅうりの値段は、少し高くなります。

少しくらい高くても、買う人がおおぜいいます。

水稻原来是热带地区的植物。直到100年以前，如果不在温暖的地方种植，水稻就不能生长成熟。而且，年平均气温如果达不到20度以上也不能收割。但是，后来，培育出了耐寒的水稻品种，在寒冷的地区也推广稻米的耕作。除了耐寒品种以外，培育味道上乘的品种也很盛行。

过去在日本，如果不到夏天就吃不上西红柿，黄瓜。可如今一年到头都可以吃到。这是因为塑料大棚的早熟栽培技术进步了的缘故。现在，秋冬季节，西红柿，黄瓜的价格仍旧略贵一些。即使贵一些，买的人也很多。

shuǐ dào yuán lái shì rè dài dì qū de zhí wù. zhí dào yì bǎi nián yǐ qián, rú guǒ bú zài wēn nuǎn de dì fang zhòng zhí, shuǐ dào jiù bù néng shēng zhǎng chéng shú. ér qiě, nián píng jūn qì wēn rú guǒ dá bú dào èr shí dù yǐ shàng yě bù néng shōu gē. dàn shì, hòu lái, péi yù chū le nài hán de shuǐ dào pǐn zhǒng, zài hán lěng de dì qū yě tuī guǎng dào mǐ de gēng zuò. chú le nài hán pǐn zhǒng yǐ wài, péi yù wèi dào shàng chéng de pǐn zhǒng yě hěn shèng xíng.

guò qù zài rì běn, rú guǒ bú dào xià tiān jiù chī bú shàng xī hóng shì, huáng guā. kě rú jīn yì nián dào tóu dōu kě yǐ chī dào. zhè shì yīn wèi sù liào dà péng de zǎo shú zāi péi jì shù jìn bù le de yuán gù. xiàn zài, qiū dōng jì jié, xī hóng shì, huáng guā de jià gé réng jiù luè guì yì xiē. jí shǐ guì yī xiē, mǎi de rén yě hěn duō.

張： 八百屋さんでは、いろいろな野菜を売っていますね。

日本的蔬菜水果商店里卖各种各样的蔬菜啊。

rì běn de shū cài shuǐ guǒ shāng diàn li mài gè zhǒng gè yàng de shū cài a。

田中： そうですね。トマトやきゅうりは、1年中売っています。
促成栽培の進歩がなければ、こんなことは無理でしょう
ね。

是的，西红柿，黄瓜一年到头都有卖的。如果没有早熟栽培技
术的进步，这种事就困难了。

shì de, xī hóng shì, huáng guā yì nián dào tóu dōu yǒu mài de. rú guǒ méi
yǒu zǎo shú zāi péi jì shù de jìn bù, zhè zhǒng shì jiù kùn nan le.

張：　ええ。以前は北京でも、夏にならなければ、西瓜を食べる
　　　ことはできませんでした。でも、今は、1年中売っていま
　　　すよ。

　　　对，以前，北京也是不到夏天就吃不到西瓜，可是现在一年到
　　　头都有卖的。

　　　duì, yǐ qián, běi jīng yě shì bú dào xià tiān jiù chī bú dào xī guā, kě shì
　　　xiàn zài yì nián dào tóu dōu yǒu mài de.

田中：本当ですか。西瓜は、夏の北京の代表的な風物だと思って
　　　いました。

　　　真的吗？ 我一直认为西瓜是北京夏天有代表性的水果呢。

　　　zhēn de ma? wǒ yì zhí rèn wéi xī guā shì běi jīng xià tiān yǒu dài biǎo xìng
　　　de shuǐ guǒ ne.

張：　ええ。冬の西瓜は珍しいので、少しくらい値段が高くて
　　　も、買う人がいます。

　　　是的。冬季西瓜很希罕，所以即使价钱贵也有人买。

　　　shì de. dōng jì xī guā hěn xī han, suǒ yǐ jí shǐ jià qián guì yě yǒu rén mǎi.

田中：もう今では、野菜や果物を見ても、季節がわかりませんね。

现在，看蔬菜或水果已经分不清季节啦！

xiàn zài, kàn shū cài huò shuǐ guǒ yǐ jīng fēn bù qīng jì jié la!

育つ(そだつ)	동	生长　shēng zhǎng	성장하다, 자라다
農業(のうぎょう)	명	农业　nóng yè	농업
収穫(しゅうかく)	명	收获　shòu huò	수확
稲(いね)	명	稻子　dào zi	벼
もともと	부	原来, 本来　yuán lái, běn lái	원래
熱帯(ねったい)	명	热带　rè dài	열대
植物(しょくぶつ)	명	植物　zhí wù	식물
実る(みのる)	동	成熟, 结果　chéng shú, jié guǒ	익다
平均(へいきん)	명	平均　píng jūn	평균
しかし	접	但是　dàn shì	그러나
寒さ(さむさ)	명	寒冷　hán lěng	한랭
品種(ひんしゅ)	명	品种　pǐn zhǒng	품종
米(こめ)	명	米　mǐ	쌀
広まる(ひろまる)	동	普及　pǔ jí	보급하다
開発(かいはつ)	명	开发　kāi fā	개발
トマト	명	西红柿　xī hóng shì	토마토
きゅうり	명	黄瓜　huáng guā	오이
ビニルハウス	명	塑料大棚　sù liào dà péng	비닐하우스
促成(そくせい)	명	早熟　zǎo shú	조숙
栽培(さいばい)	명	栽培　zāi péi	재배
八百屋(やおや)	명	蔬菜水果商店　shū cài shuǐ guǒ diàn	채소 가게
野菜(やさい)	명	蔬菜　shū cài	채소
こんな		这种　zhè zhǒng	이러한
無理だ(むりだ)	형, 동	困难　kùn nan	어렵다
西瓜(すいか)	명	西瓜　xī guā	수박
珍しい(めずらしい)	형	稀罕, 珍贵　xī han, zhēn guì	진귀하다

문법 및 어구 해석

1. ~ば、~ / ~ければ、~ ~하면, ~다

용언 뒤에 ば를 연결하여 가정의 의미를 나타낸다.

	기본형	ば형	법칙
1그룹 동사	買う 書く 読む	買えば 書けば 読めば	う→えば く→けば む→めば
2그룹 동사	食べる 起きる 見る	食べれば 起きれば 見れば	る→れば
3그룹 동사	来る する	来れば すれば	る→れば

今思えば後悔することが多い。지금 생각하면 후회하는 일이 많다.

これを見ればわかる。이것을 보면 알 수 있다.

これだけ 覚えればいい。이것만 외우면 된다.

ば앞에 형용사일 때 い → けれ＋ば(~하다면)

기본형	ば형	법칙
暑い 大きい おもしろい	暑ければ 大きければ おもしろければ	い → ければ

品物がよければ 買おう。물건이 좋으면 사겠다.

料理がおいいければ、そのレストランに食べた行きたい。

요리가 맛있으면, 그 레스토랑에 먹으로 가고 싶다.

2. ～なければ、～/～くなければ、～　　～하지 않으면, ～다

ない形	ば形	법칙
食べない 買わない 来ない しない	食べなければ 買わなければ 来なければ しなければ	い→ければ

～くない	～くなければ
寒くない	寒くなければ
新しくない	新しくなければ
明るくない	明るくなければ

よく読まなければわかりません。잘 읽지 않으면 이해하지 못 합니다.
へやが静かでなければ、わたしは勉強できません。
방이 조용하지 않으면 저는 공부할 수 없습니다.

3. ～くても　～해도, 하더라도

ても 앞의 문장과 반대되는 예측이 발생하는 경우에 사용한다.

いくら考えてもわからない。아무리 생각해도 모르겠다.
いくら見ても気が安まらない。아무리 보아도 마음이 편해지지 않는다.

4. ～までは　～까지는

범위나 도착 지점을 표시하는 조사 まで에 は를 붙여 표시하는 한계를 분명히 해준다.

東京駅まではバスで行って、それから新幹線に乗りました。
도쿄역까지 버스로 가서 그런 다음 신칸센에 탔습니다.
彼が帰ってくるまで待ちましょう。 그가 돌아올 때까지 기다립시다.

5. ～でなければ ～하지 않으면

～なければ/～くなければ에 명사를 연결하는 데 사용된다.

寒さに強い品種でなければ、育ちません。
추위에 강한 품종이 아니면, 자라지 않습니다.
明日、雨でなければ、遊びに行きます。
내일 비가 오지 않으면 놀러갑니다.

6. 寒さに強い 추위에 강하다

に는 強い의 대상을 표시한다.

暑さに強い 더위에 강하다
雨に強い 비에 강하다
雪に強い 눈에 강하다

7. ～による ～에 의한

～による의 뒤에 명사를 사용한다. 앞뒤 문장의 의미에 따라 변화가 발생하거나 수단, 방법, 행위자 등을 표시한다.

ビニルハウスによる促成栽培 ＝ ビニルハウスを使った促成栽培
비닐하우스에 의한 속성재배 = 비닐하우스를 사용한 속성재배
留学生による研究 ＝ 留学生が行った研究
유학생에 의한 연구 = 유학생이 한 연구

8. 八百屋さん　야채가게

さん은 인명 뒤에 붙어 예의를 표현하지만, 때로는 屋 등에 붙어 직업을 표시하는 단어 뒤에 사용된다.

本屋さん 서점　　肉屋さん 정육점
看護師さん 간호사　　お医者さん 의사

9. 本当ですか　정말입니까?

이 말은 정말입니까?의 의미이다. 실제 대화에서 가벼운 놀라움을 표현한다.

来年、田中さんと結婚します。　本当ですか。おめでうございます。
내년 다나카씨와 결혼합니다. 정말입니까? 축하드립니다.
雨が降っています。本当ですか。午前中はいい天気でしたよ。
비가 옵니다. 정말입니까? 오전중은 좋은 날씨였습니다.

10. 今でも　지금도　今では　지금은

今でも는 어떠한 상태가 과거에서 현재까지 지속됨을 표현하고, 今では는 어떠한 상태가 현재 다른 상태로 변한 것을 표현한다.

わたしは、今でも、子供の時の写真を持っています。
저는 지금도 어린 시절의 사진을 가지고 있습니다.
わたしは、今では、子供の時の写真を持っていません。
저는 지금은 어린 시절의 사진을 가지고 있지 않습니다.

11. しかし　하지만

앞 문장의 의미와 반대의 의미를 전달하는 역접 접속사이다. だが、ところが、けれど、でも、ですが、そうだけれど 등이 있다.

1. 다음 단어의 ば形을 익히시오.

基本型	ば形(肯定)	ば形(否定)
買う	買えば	買わなければ
飲む	飲めば	飲まなければ
やる	やれば	やらなければ
起きる	起きれば	起きなければ
いる	いれば	いなければ
成功する	成功すれば	成功しなければ
来る	来れば	来(こ)なければ
強い	強ければ	強くなければ
暖かい	暖かければ	暖かくなければ

2. 다음 예문에 따라 두 문장을 한 문장으로 만들어 보시오.

┌─〈예〉───────────────────────────────────────┐
│ 　暖かいです　　　・作物がよく育ちます　　　　　　　│
│ 따뜻합니다　　　・작물이 잘 자랍니다　　　　　　　│
│ 　→ 暖かければ、作物はよく育ちます。따뜻하면 작물은 잘 자랍니다. │
│ 忙しくないです　　・行くつもりです 바쁘지 않습니다・갈 생각입니다 │
│ 　→ 忙しくなければ、行くつもりです。바쁘지 않으면 갈 생각입니다. │
└───┘

(1)　近いです　　　・歩いて帰ります

(2)　値段が安くないです　　・買いません

(3)　明日天気がいいです　　・公園を散歩したいです

3. 다음 예문처럼 밑줄 부분을 의문문으로 바꾸어 보시오.

> ┌─〈예〉─────────────────────────────────
> ラジオ・カセットは、<u>どこで買いますか</u>。
> 라디오 카세트는 어디서 삽니까?
>   → ラジオ・カセットは、どこで買えばいいですか。
>   라디오 카세트는 어디서 사면 됩니까?
> └──────────────────────────────────────

(1) 明日の予定を知りたいのですが、<u>だれに聞きますか</u>。

(2) 薬は、<u>1日に何回飲みますか</u>。

(3) 明日わたしは、<u>ここに何時に来ますか</u>。

4. 다음 예문처럼 'いいえ'로 대답해 보시오.

> ┌─〈예〉─────────────────────────────────
> 질문 : 天気がよければ、出かけますか。
>   날씨가 좋으면 외출합니까?
> 대답 : いいえ。天気がよくても、出かけません。
>   아니요, 날씨가 좋아도 외출하지 않습니다.
> └──────────────────────────────────────

(1) 急いで行けば、間に合いますか。

(2) 値段が安ければ、テレビを買いますか。

(3) 張さんに聞けば、わかりますか。

제9과 공장을 견학하다

문장

(1)

じどうしゃこうじょう　きかい か　すす　　　　　おどろ
自動車工場の機械化が進んでいて、驚きました。

にんげん　　　　 しごと　　 しょうらい　　　 すく　　　　　　　　　 おも
人間のする仕事は、将来、もっと少なくなるだろうと思います。

ようせつ　　　　　　　　　　　　　　　 つか
溶接をするのに、ロボットを使っていました。

おお　　　　　　　　　　こうじょう　はい
大きなトラックが、工場に入ってきました。

ちい　　　　　　　　　　こうじょう　で
小さなトラックが、工場から出ていきました。

汽车制造厂的机械化先进得惊人。

想来今后人做的工作会更少了。

焊接作业使用机器人。

大卡车开进了工厂。小卡车从工厂开了出去。

qì chē zhì zào chǎng de jī xiè huà xiān jìn dé jīng rén.
xiǎng lái jīn hòu rén zuò de gōng zuò huì gèng shǎo le.
hàn jiē zuò yè shǐ yòng jī qì rén.
dà kǎ chē kāi jìn le gōng chǎng. xiǎo kǎ chē cóng gōng chǎng kāi le chū qù.

(2)

李さんは、名古屋の自動車工場を見学しました。

この工場では、溶接など危険な作業をするのに、ロボットを使っていました。

始業のベルが鳴るのが聞こえましたが、人の姿はほとんど見えません。

工場の機械化が進んでいて、驚きました。

機械の進歩で、日本の自動車の生産台数は、大きく増えたそうです。

日本製の自動車は、ガソリンの消費量が少なくて、中国でも人気があります。

李さんは、将来、中国の工場でも、もっと機械化が進むだろうと思いました。

小李参观了名古屋的汽车制造厂。这家工厂用机器人进行焊接等危险的作业。听到了上班的铃声，却几乎见不到人影。工厂的机械化先进得令人惊讶。

据说由于机械化的进步，日本的汽车生产量大大增加了。日本造的汽车，汽油的消耗量少，在中国也很受欢迎。小李想，将来中国的工厂，机械化也会先进的。

xiǎo lǐ cān guān le míng gǔ wū de qì chē zhì zào chǎng. zhè jiā gōng chǎng yòng jī qì rén jìn xíng hàn jiē děng wēi xiǎn de zuò yè. tīng dào le shàng bān de líng shēng, què jī hū jiàn bú dào rén yǐng. gōng chǎng de jī xiè huà xiān jìn de lìng rén jīng yà.

jù shuō yóu yú jī xiè huà de jìn bù, rì běn de qì chē shēng chǎn liàng dà dà zēng jiā le. rì běn zào de qì chē, qì yóu de xiāo hào liàng shǎo, zài zhōng guó yě hěn shòu huān yíng. xiǎo lǐ xiǎng, jiāng lái zhōng guó de gōng chǎng, jī xiè huà yě huì xiān jìn de.

李： 近代的な工場ですね。大きなトラックが、何台も入ってく
るのが見えました。

这是一座现代化的工厂啊！看见好几台大卡车进来了。
zhè shì yí zuò xiàn dài huà de gōng chǎng a！kàn jiàn hǎo jǐ tái dà kǎ chē
jìn lái le.

職員： ああ。あれは、ほかの工場から、ここに部品を運んでくる
トラックですよ。タイヤやガスなどは、ほかの工場で作っ
ていますからね。

噢，那是从别的工厂往这里运送部件的卡车。因为轮胎，玻璃
等是在其他工厂生产的。
ō，nà shì cóng bié de gōng chǎng wǎng zhè lǐ yùn sòng bù jiàn de kǎ chē.
yīn wèi lún tāi，bō lí děng shì zài qí tā gōng chǎng shēng chǎn de.

李： ここでは、溶接や塗装をするのに、ロボットを使っていますね。

这里是用机器人焊接，喷漆吧?

zhè li shì yòng jī qì rén hàn jiē, pēn qī ba?

職員： はい、機械化が進んで、生産台数が増えました。将来は労働時間も、今より短くなるだろうと思います。

是的，机械化先进了，增加了生产量。将来，劳动时间想必会比现在更短。

shì de, jī xiè huà xiān jìn le, zēng jiā le shēng chǎn liàng. jiāng lái, láo dòng shí jiān xiǎng bì huì bǐ xiàn zài gèng duǎn.

李： この工場を見学して、機械化のすばらしさを、あらためて感じました。

参观这个工厂，再次感到机械化的优越性了。

cān guān zhè ge gōng chǎng, zài cì gǎn dào jī xiè huà de yōu yuè xìng le.

職員： 鉄鋼やタイヤ、ガラスなどの分野でも、生産技術が向上しました。みんなの努力で、今の自動車工場の発展があるんです。

钢铁，轮胎，玻璃等部门的生产技术也提高了。靠大家的努力才有了今天汽车工业的发展。

gāng tiě, lún tāi, bō lí děng bù mén de shēng chǎn jì shù yě tí gāo le. kào dà jiā de nǔ lì cái yǒu le jīn tiān qì chē gōng yè de fā zhǎn.

李： なるほど。いろいろな分野で、おおぜいの人が努力しているんですね。

说得对啊，是因为很多人都在各个部门努力工作。

shuō dé duì a, shì yīn wèi hěn duō rén dōu zài gè ge bù mén nǔ lì gōng zuò.

溶接(ようせつ)	명	焊接 hàn jiē	용접
大きな(おおきな)	연체	大的 dà de	커다란
トラック	명	卡车 kǎ chē	트럭
小さな(ちいさな)	연체	小的 xiǎo de	작은
作業(さぎょう)	명	工作, 作业 gōng zuò, zuò yè	작업
始業(しぎょう)	명	上班, 上课 shàng bān, shàng kè	업무의 시작
ベル	명	铃, 电铃 líng, diàn líng	벨
生産(せいさん)	명	生产 shēng chǎn	생산
台数(だいすう)	명	台数 tái shù	대수
ガソリン	명	汽油 qì yóu	가솔린
消費(しょうひ)	명	消耗 xiāo hào	소비
近代(きんだい)	명	现代 xiàn dài	현대, 근대
職員(しょくいん)	명	职员 zhí yuán	직원
ああ	감	啊 ā	아아
タイヤ	명	轮胎 lún tāi	타이어
ガラス	명	玻璃 bō lí	유리
塗装(とそう)	명	涂抹, 喷漆 tú mǒ, pēn qī	도색
労働(ろうどう)	명	劳动 láo dòng	노동
すばらしさ	명	优越性 yōu yuè xìng	훌륭함
あらためて	부	再次 zài cì	새롭게, 다른 기회에
鉄鋼(てっこう)	명	钢铁 gāng tiě	철공
分野(ぶんや)	명	领域, 部门 lǐng yù, bù mén	분야
向上する(こうじょうする)	동	向上, 提高 xiàng shàng, tí gāo	향상하다, 발전되다
努力(どりょく)	명	努力 nǔ lì	노력
発展(はってん)	명	发展 fā zhǎn	발전

1. ～て、～/～くて、～/～で、～　～하고, 해서

앞의 문장이 원인, 이유를 나타낸다. 앞 문장 끝에 동사, 형용사의 'て形' 혹은 '명사, 형용동사의 어간 + で'의 형식을 사용한다.

風邪をひいて、学校を休みました。
감기에 걸려서 학교를 쉬었습니다.
頭が痛くて、勉強ができません。
머리가 아파서 공부를 할 수 없습니다.
工場の機械化が進んで、生産台数が増えました。
공장의 기계화가 진행되어 생산대수가 늘어났습니다.

2. ～だろうと思います　～할 것이라고 생각합니다

말하는 사람의 추측을 표시한다. だろう는 でしょう의 보통체이다.

来週は、もっと忙しくなるだろうと思います。
다음 주에는 더 바빠질 것이라고 생각합니다.
彼はきっと、図書館にいるだろうと思います。
그는 분명 도서관에 있을 것이라고 생각합니다.

3. ～のに、～　～하는데, ～하다

'～に～を使う・利用する'의 'に'는 용도를 나타낸다. に앞에 명사를 사용한다. 만약 に앞에 동사구를 사용하면, 반드시 동사구 뒤에 の를 붙여 명사구를 만든다. の앞의 동사는 기본형이다.

危険な作業をするのに、ロボットを使います。

위험한 작업을 하는데, 로봇을 사용한다.

本を買うのに、このお金を利用してください。

책을 사는데, 이 돈을 사용해주세요.

4. ていきます/きます (어떠한 방향이나 가는 모양을 표현하는 て形) 갑니다

이동을 표시하는 て形 뒤에 ていきます/きます를 붙여 이동 방향을 표시할 수 있다.

自動車が、入ってきました。

자동차가 들어왔습니다.

子供が、走っていきました。

아이가 뛰어 갔습니다

5. ～のが見えます/聞こえます　～하는 것이 보입니다/들립니다

～が見えます/聞こえます의 が앞에는 명사가 온다. 이곳에 동사구를 넣을 때는
の를 붙여 명사구를 만들어야 한다.

歌が聞こえます。 →　歌を歌っているのが聞こえます。

노래가 들립니다. → 노래를 부르는 것이 들립니다.

6. ほとんど～ません　거의～하지 않습니다

最近、わたしはほとんどテレビを見ていません。

최근, 저는 거의 텔레비전을 보지 않습니다.

あの人は、野菜をほとんど食べません。

저 사람은 야채를 거의 먹지 않습니다.

7. ～まで 까지

체언이나 동사의 연체형에 붙어 기간, 거리, 수량의 범위를 나타낸다.

日本<ruby>にほん</ruby>から ソウルまで どうやっていきますか。 일본에서 서울까지 어떻게 갑니까?

8. 大きく 크게

매우의 의미로 비교, 변화의 정도를 표시하는 부사이다.

以前より 大きくなりましたね。 전보다 커졌네요.

9. すばらしさ(素晴らしい)훌륭함

형용사 어간에 접미어 'さ, け, げ, み'를 붙여 명사로 만들 수 있다.

형용사	명사	형용사	명사
懐かしい	懐かしさ	寂しい	寂しさ
楽しい	楽しさ	重い	重さ
暑い	暑さ	おもしろい	おもしろさ
強い	強さ	若い	若さ
大きい	大きさ	辛い	辛さ

10. あらためて 새롭게, 다음 기회에

今日は忙しいので、あらためて電話します。
오늘은 바쁘기 때문에 다음 기회에 전화하겠습니다.
その問題は、明日あらためて聞いてみます。
그 문제는 내일 다시 한 번 물어보도록 하겠습니다.

11. みんなの努力で、〜発展がある　모두의 노력으로, 〜발전이 있다.

で는 원인, 이유를 표시하는 조사이다. 発展がある는 みんなの努力 때문이다. '発展がある'는 発展する/した로 해석할 수 있다.

1. 다음 예문에 따라 두 문장을 한 문장으로 만들어 보시오.

```
┌〈예〉──────────────────────────────────────┐
│    暗かったです    ・よく見えませんでした               │
│  어두웠다    ・잘 보이지 않았다                        │
│   →  暗くて、よく見えませんでした。                    │
│      어두웠기 때문에 잘 보이지 않았다.                  │
└────────────────────────────────────────┘
```

(1)　種類が多いです・迷ってしまいます

(2)　重かったです・持つことができませんでした

(3)　暑いです・食欲がありません

2. 다음 예문처럼 바꾸어 보시오.

```
┌〈예〉──────────────────────────────────────┐
│  新幹線のほうが速いでしょう。신칸센 쪽이 빠르겠지요          │
│   →  新幹線のほうが速いだろうと思います。               │
│      신칸센 쪽이 더 빠를거라고 생각합니다.               │
└────────────────────────────────────────┘
```

(1) 食堂はもうすいているでしょう。

(2) あの建物はあまり古くないでしょう。

(3) あの会社は週休2日でしょう。

3. 다음 예문처럼 문장을 만들어 보시오.

〈예〉

見えます(部品を組み立てています)。보입니다(부품을 조립합니다)

→ 部品を組み立てているのが見えます。

부품을 조립하는 것이 보입니다.

(1) この部品から見えます(桜が咲いています)。

(2) 見えますか(玄関の前に人が立っています)。

(3) 聞こえます(鐘が鳴ります)。

4. 다음 예문처럼 '～ていきます' 'てきます'를 이용해 문장을 만들어 보시오.

〈예〉

トラックが、工場に(入ります)。트럭이 공장에(들어옵니다)

→ トラックが、工場に入ってきます。트럭이 공장에 들어옵니다.

→ トラックが、工場に入って行きます。트럭이 공장에 들어갑니다.

(1) 家から駅まで(歩きます)。

(2) 劇場まで、地下鉄に(乗ります)。

(3) 今日は寒いので、田中さんはコートを(着ました)。

제10과 태극권을 배우다

(1)

田中さんは、運動不足のため、最近体の調子はよくありません。

体にいいので、王さんは、田中さんに太極拳を教えてあげました。

田中さんは、王さんに教えてもらいました。

先週の休みに、王さんが、家へ教えに来てくれました。

「力を入れないで、ゆっくり体を動かしてください。」

と、王さんが言いました。

田中因为缺少体育锻炼，最近身体状况欠佳。

因为对身体有好处，所以小王教田中打太极拳。田中请小王教他。上周的休息日小王到家里来教太极拳。

小王说："不要用力，慢慢地活动身体。"

tián zhōng yīn wèi quē shǎo tǐ yù duàn liàn, zuì jìn shēn tǐ zhuàng kuàng qiàn jiā.

yīn wèi duì shēn tǐ yǒu hǎo chù, suǒ yǐ xiǎo wáng jiāo tián zhōng dǎ tài jí quán. tián zhōng qǐng xiǎo wáng jiāo tā. shàng zhōu de xiū xi rì xiǎo wáng dào jiā l lái jiāo tài jí quán.

xiǎo wáng shuō："bú yào yòng lì, màn màn de huó dòng shēn tǐ."

(2)

田中さんは、普段忙しいために、なかなか運動する機会がありません。

そこで、王さんに太極拳を教えてもらいました。

日本でも、太極拳は、最近人気があります。

初めての人に、太極拳を教えてくれる教室もあります。

日本人の生活のしかたは、昔と比べて、変わりました。

体を動かさないで、机の前に座って生活するひとは増えました。

運動不足のために、病気になる人もいます。

最近では、健康を考えて、スポーツを始める人が増えました。

大きな都市には、たいてい、スポーツ・センターがあります。

希望すれば、専門のコーチが、指導してくれます。

道具も、貸してもらえます。

特に週末には、たくさんの人が利用しています。

田中平时很忙，很少有锻炼身体的机会，于是，他请小王教他太极拳。近来，太极拳在日本很受欢迎，还开办了教初学者太极拳的训练班。

日本人的生活方式和以前相比有了变化。不活动身体，坐在桌子前面生活的人增加了，也有了因缺少运动而得病的人。

最近，考虑到身体健康而开始运动的人多了起来。城市里一般都有体育活动中心。如果你想学，专业教练会给予指导，还可以租用运动器械。特别是周末，利用的人很多。

tián zhōng píng shí hěn máng, hěn shǎo yǒu duàn liàn shēn tǐ de jī huì, yú shì, tā qǐng xiǎo wáng jiāo tā tài jí quán. jìn lái, tài jí quán zài rì běn hěn shòu huān yíng, hái kāi bàn le jiāo chū xué zhě tài jí quán de xùn liàn bān.

rì běn rén de shēng huó fāng shì hé yǐ qián xiàng bǐ yǒu le biàn huà. bù huó dòng shēn tǐ, zuò zài zhuō zi qián mian shēng huó de rén zēng jiā le, yě yǒu le yīn quē shǎo yùn dòng ér dé bìng de rén.

zuì jìn, kǎo lǜ dào shēn tǐ jiàn kāng ér kāi shǐ yùn dòng de rén duō le qǐ lái. chéng shì lǐ yì bān dōu yǒu tǐ yù huó dòng zhōng xīn. rú guǒ nǐ xiǎng xué, zhuān yè jiāo liàn huì gěi yǔ zhǐ dǎo, hái kě yǐ zū yòng yùn dòng qì xiè. tè bié shì zhōu mò, lì yòng de rén hěn duō.

田中： 運動するのは、気持ちいいですね。久しぶりに、汗をかき
ました。

体育锻炼使人觉得很舒服，好久没出汗了，今天出了很多汗。
tǐ yù duàn liàn shǐ rén jué de hěn shū fu, hǎo jiǔ méi chū hàn le, jīn tiān chū le hěn duō hàn.

王： すごい汗ですね。わたしのタオルを貸してあげましょう。

汗出得真不少，把我的手巾借给你吧！
hàn chū dé zhēn bù shǎo, bǎ wǒ de shǒu jīn jiè gěi nǐ ba !

田中： ありがとうございます。運動したいんですが、時間がなく
て、なかなかできません。最近、体の調子がよくないの
で、気がかりです。

谢谢，虽然也想锻炼，但因没有时间，怎么也做不到。最近身
体情况不太好，这才担心起来。
xiè xie, suī rán yě xiǎng duàn liàn, dàn yīn méi yǒu shí jiān, zěn me yě zuò bú dào. zuì jìn shēn tǐ qíng kuàng bú tài hǎo, zhè cái dān xīn qǐ lái.

王： それで、太極拳を始めたいんですね。

因为这个才开始学太极拳的吧?

yīn wèi zhè ge cái kāi shǐ xué tài jí quán de ba?

田中： ええ。太極拳は健康にいいと聞きましたから。

是的，因为听说打太极拳有益于身体健康。

shì de, yīn wèi tīng shuō dǎ tài jí quán yǒu yì yú shēn tǐ jiàn kāng.

王： 確かに、健康にいいです。太極拳をする時は、心を穏やか
にして、体を動かしてくださいね。

确实对健康有好处。打太极拳时心要静，同时还能活动身体。

què shí duì jiàn kāng yǒu hǎo chù. dǎ tài jí quán shí xīn yào jìng, tóng shí
hái néng huó dòng shēn tǐ.

田中： わかりました。また教えてくれますか。

懂了。你能教我吗？

dǒng le. nǐ néng jiāo wǒ ma？

王： ええ、もちろんです。

当然啦。
dāng rán la.

運動(うんどう)	명	运动 yùn dòng	운동
不足(ふそく)	명	不足, 缺少 bù zú, qiàn shǎo	부족
調子(ちょうし)	명	状况, 情况 zhuàng kuàng, qíng kuàng	상태
太極拳(たいきょくけん)	명	太极拳 tài jí quán	태극권
力(ちから)	명	力, 力量 lì, lì liàng	힘
動かす(うごかす)	동	活动, 转动 huó dòng, zhuǎn(zhuàn)dòng	움직이다
ふだん	명	平时, 平常 píng shí, píng cháng	
そこで	접	因此 yīn cǐ	그래서
比べる(くらべる)	동	相比 xiāng bǐ	비교하다
座る(すわる)	동	坐 zuò	앉다
都市(とし)	명	城市, 都市 chéng shì, dū shì	도시
スポーツ・センター	명	体育活动中心 tǐ yù huó dòng zhōng xīn	스포츠 센터
希望する(きぼうする)	동	希望 xī wàng	희망하다
コーチ	명	教练 jiāo liàn	코치
指導する(しどうする)	동	指导 zhǐ dǎo	지도하다
道具(どうぐ)	명	工具, 用具 gōng jù, yòng jù	도구
貸す(かす)	동	借, 出租 jiè, chū zū	빌리다
週末(しゅうまつ)	명	周末 zhōu mò	주말
久しぶり(ひさしぶり)	명	相隔很久 xiāng gé hěn jiǔ	오래간만
汗(あせ)	명	汗 hàn	땀
タオル	명	毛巾 máo jīn	타올
気がかりだ(きがかりだ)	형	担心, 忧虑 dān xīn, yōu lǜ	마음에 걸리다
それで	접	于是, 所以 yú shì, suǒ yǐ	그래서
確かだ(たしかだ)	형	确实, 的确 què shí, dí què	확실하다
心(こころ)	명	心 xīn	마음
穏やかだ(おだやかだ)	형	安稳, 稳定 ān wěn, wěn dìng	온화하다, 안정하다

1. ～(て)あげます / もらいます / くれます
   ～ (어떠한 행동을) (내가)해주다/(남에게)해 받다/(남이 나에게)해 주다

あえます / もういます / くれます의 앞에 동사의 て形을 연결해야 한다.

	で形	
先生は、純子さんたちに本を	読んで	あげます
王さんは、田中さんに太極拳を	教えて	あげました
王さんが、家へ教えに	来て	くれます
お父さんは、わたしに辞書を	買って	くれました
田中さんは、王さんに太極拳を	教えて	もらいます
昨日純子さんは、動物園に	連れていって	もらいました

2. (で)/(ない)で、～　(하고서) / (하지 않고서), ～하다

	～で・ないで	
新聞を	持って	電車に乗りました
力を	入れないで	体を動かしてください
傘を	持たないで	出かけていきました

3. ～ために、　～원인, 이유

	ために	
雨が強らない	ために	作物が育ちません
事故があった	ために	会社に遅れました
運動不足の	ために	休の調子がよくありません

4. 体にいい・悪い 몸에 좋다·나쁘다

'AはBにいい' 문형에서 A는 'いい/悪い'의 주체이고, B는 'いい/悪い'의 대상이다.

太極拳は、体にいいです。
태극권은 몸에 좋다.
暗い所で本を読むのば、目に悪いです。
어두운 장소에서 책을 읽는 것은 눈에 나쁘다

5. そこで・それで (바로 앞의 말을 받아서) 그래서·그래서

순접 접속사로 앞 문장은 원인을 뒤 문장은 결과를 표현한다.

バスがない。おこで歩いて行くことにした
버스가 없다. 그래서 걸어가기로 했다.
お金がない。それで旅行に行けない。
돈이 없다. 그래서 여행을 못 간다.

순접 접속사로 だから(그래서), すると(그러자), では(그렇다면), それなら(그러면), ですから(그렇기 때문에), したがって(따라서) 등이 있다.

6. ～と比べて ～와(과) 비교하여

～과 비교하다는 뜻이다.
비교형식에는 AはBより～です(A는 B보다 ～입니다)
BよりAのほうが～です。(B보다 A가 ～입니다)
AはBに比べて～です。(A는 B에 비하여 ～입니다)등이 있다.

中国は、日本より広いてす。중국은 일본보다 넓습니다.
= 日本より、中国のほうが広いです。일본보다 중국이 넓습니다.
= 中国は、日本と比べて広いてす。중국은 일본과 비교하여 넓습니다.

7. 気持ちいい　기분이 좋다

気持ちがいい에서 が가 생략되었다. 気持ち와 いい의 관계가 긴밀하여 気持ちいい를 형용사로 사용할 수 있다.

天気がよくて、気持ちいいです。
날씨가 좋아서 기분이 좋네요.
お風呂に入って、気持ちよかったです。
목욕을 하니 기분이 좋았습니다.

8. 気がかりです　마음에 걸리다

気がかりです(걱정하다)는 관용표현이 변한 형용동사로 가벼운 기대나 걱정을 표현한다.

病気の母が気にかかります。＝　病気の母が気にがかりです。
병에 걸린 어머니가 마음에 걸립니다.
試験の結果が気にかかります。＝　試験の結果が気にがかりです。
시험 결과가 마음에 걸립니다.

1. 다음 예문처럼 '~てもらう'를 이용해 문장을 만들어 보시오.

> ┌〈예〉────────────────────────────────────
> 　　　田中さんは、李さんを案内しました。
> 　　　다나카씨는 이씨를 안내했습니다.
> 　　　→　李さんは、田中さんに案内してもらいました。
> 　　　이씨는 다나카씨를 안내해 주었습니다.
> └──────────────────────────────────────

(1)　先生は、わたしをほめました。

　　　→　わたしは、先生に

(2)　お医者さんは、純子さんを診察しました。
　　　→　純子さんは、お医者さんに

2. 다음 예문처럼 '~てあげる'를 이용해 문장을 만들어 보시오.

> ┌〈예〉────────────────────────────────────
> 　　　王さんは、友達に太極拳を教えました。
> 　　　왕씨는 친구에게 태극권을 가르칩니다.
> 　　　→　王さんは、友達に太極拳を教えてあげました。
> 　　　왕씨는 친구에게 태극권을 가르쳐 주었습니다.
> └──────────────────────────────────────

(1)　わたしは、カメラで友達の写真を撮りました。

(2)　王さんは、純子さんを動物園に案内しました。

(3)　張さんは、純子さんの手紙を中国語に訳しました。

3. 다음 예문에 따라 두 문장을 한 문장으로 만들어 보시오.

〈예 1〉
傘を持ちます　　・出かけたほうがいいです
우산을 챙깁니다　　・나가는 편이 좋습니다
→　傘を持って、出かけたほうがいいです。
　　우산을 챙겨서 나가는 편이 좋습니다.

(1)　電気をつけます・本を読んだほうがいいです

(2)　一日中座ります・仕事をしています

(3)　眼鏡をかけます・白いシャツを着ている人はだれですか

〈예 2〉
晩御飯を食べませんでした　　・寝ました
저녁밥을 먹지 않았습니다　　・잤습니다
→　晩御飯を食べないで寝ました。저녁밥을 먹지 않고 잤습니다.

(1)　昨日は寝ませんでした・仕事をしました

(2)　靴を脱ぎませんでした・上がってしまいました

(3)　切ってをはりませんでした・手紙を出したことがあります

제11과 쇼핑을 가다

(1)

王さんは、電車の中で、隣の人に足を踏まれました。

買い物に行く途中、王さんは雨に降られました。

王さんは、洋装店で店の人に青いブレザーを勧められました。

この辞書は、字が大きくて、使いやすいです。

このいすは、小さくて、座りにくいです。

在电车里，小王被旁边的人踩了脚。去买东西的途中，小王被雨淋了。

在西服店里，店员劝小王买蓝色的西服上衣。

这本辞典的字大，使用方便。这把椅子小，很难坐下。

zài diàn chē lǐ, xiǎo wáng bèi páng biān de rén cǎi le jiǎo. qù mǎi dōng xī de tú zhōng, xiǎo wáng bèi yǔ lín le. zài xī fú diàn lǐ, diàn yuán quàn xiǎo wáng mǎi lán sè de xī fú shàng yī.

zhè běn cí diǎn de zì dà, shǐ yòng fāng biàn. zhè bǎ yǐ zǐ xiǎo, hěn nán zuò xià.

(2)

2月になると、洋装店の店先には、もう春物の服が並んでいます。

ですから、洋装店のショー・ウィンドーを見ると、もう春が近い

のがわかります。

王さんは、田中さんの奥さんに、評判のいい洋装店を教えてもら

いました。

大通りの、わかりやすい場所にあるそうです。

行く途中、雨に降られました。

でも、店は駅のすぐ近くだったので、助かりました。

王さんは、店の人に、青いブレザーを勧められました。

生地は軽くて、しわになりにくいそうです。

値段も安かったので、王さんは、それを買いました。

一到二月，西服店的货架就摆上了春季的服装。因此，只要看一下西服店的商品陈列橱窗，就知道春天已经临近了。

小王请田中先生的夫人向他推荐一家西服店。听说是在大街上一个很容易找到的地方。

去西服店的途中，小王被雨淋了。但是，因为西服店就在车站附近，省了不少事。店员劝小王买蓝色的西服上衣。听说这种衣料很轻，不容易发皱，而且价钱也便宜，所以小王买了一件。

yí dào èr yuè, xī fú diàn de huò jià jiù bǎi shang le chūn jì de fú zhuāng. yīn cǐ, zhǐ yào kàn yí xià xī fú diàn de shāng pǐn chén liè chú chuāng, jiù zhī dào chūn tiān yǐ jīng lín jìn le.

xiǎo wáng qǐng tián zhōng xiān sheng de fū rén xiàng tā tuī jiàn yì jiā xī fú diàn. tīng shuō shì zài dà jiē shang yí ge hěn róng yì zhǎo dào de dì fang.

qù xī fú diàn de tú zhōng, xiǎo wáng bèi yǔ lín le. dàn shì, yīn wèi xī fú diàn jiù zài chē zhàn fù jìn, shěng le bù shǎo shì. diàn yuán quàn xiǎo wáng mǎi lán sè de xī fú shàng yī. tīng shuō zhè zhǒng yī liào hěn qīng, bù róng yì fā zhòu, ér qiě jià qián yě pián yi, suǒ yǐ xiǎo wáng mǎi le yí jiàn.

奥さん：洋装店は、すぐに見つかりましたか。

很快就找到西服店了吗？

hěn kuài jiù zhǎo dào xī fú diàn le ma?

王 ： ええ。とてもわかりやすい場所にありました。駅からも、
近いですね。

恩，很好找的，离车站也近啊！

ēn, hěn hǎo zhǎo de, lí chē zhàn yě jìn a!

奥さん：ええ。きれいな色のブレザーですね。それを買ったんですか。

是的。西服上衣的颜色真不错，买了这一件？

shì de. xī fú shàng yī de yán sè zhēn bú cuò, mǎi le zhè yí jiàn?

王 ： はい。店の人に勧められたんです。

是的。店员劝我买的。

shì de. diàn yuán quàn wǒ mǎi de.

奥さん：とても似合いますよ。

穿着挺合身的。

chuān zhe tǐng hé shēn de.

王： ええ。昨日、友だちにも言われました。

是啊，昨天我的朋友也这么说。

shì a, zuó tiān wǒ de péng yǒu yě zhè me shuō.

奥さん：この生地は、しわになりにくいです。

这种衣料不容易发皱。

zhè zhǒng yī liào bù róng yì fā zhòu.

王： はい。そのうえ、軽くて、とても動きやすいです。

是的。还很轻，便于身体活动。

shì de. hái hěn qīng, biàn yú shēn tǐ huó dòng.

奥さん：新聞で読みましたが、中国の若い人もおしゃれになったそうですね。

看了报纸，说是中国的年轻人也都喜欢打扮了。

kàn le bào zhǐ, shuō shì zhōng guó de nián qīng rén yě dōu xǐ huan dǎ bàn le.

王：　　ええ。都会には、大きな洋装店があります。日本のデザイナーが、中国向けにデザインした洋服も、売っています。

是的，城市里有大的西服店，还出售日本服装设计师为中国设计的西服。

shì de, chéng shì li yǒu dà de xī fú diàn, hái chū shòu rì běn fú zhuāng shè jì shī wèi zhōng guó shè jì de xī fú.

奥さん：中国向けにですか。

面向中国的？

miàn xiàng zhōng guó de?

王： はい。中国服の伝統をうまく取り入れてあって、とても人気がありますよ。

是的，很好地吸收了中国服装的传统，获得了顾客们的好评。

shì de, hěn hǎo de xī shōu le zhōng guó fú zhuāng de chuán tǒng, huò dé le gù kè men de hǎo píng.

일본어	품사	중국어	한국어
踏む(ふむ)	동	踩, 踏 cǎi, tà	밟다
洋装店(ようそうてん)	명	西服店 xī fú diàn	옷가게
店(みせ)	명	商店 shāng diàn	가게
ブレザー	명	西服上衣 xī fú shàng yī	블레이저, 상의
勧める(すすめる)	동	劝 quàn	추천하다
春物(はるもの)	명	春天穿戴的衣物 chūn tiān chuān dài de yī wù	
			봄에 입는 복장
服(ふく)	명	衣服 yī fu	옷
ショー・ウィンドー	명	橱窗 chú chuāng	쇼윈도우
評判(ひょうばん)	명	名声, 评价 míng shēng, píng jià	평판
大通り(おおどうり)	명	大马路 dà mǎ lù	큰길
助かる(たすかる)	동	省事, 减轻负担 shěng shì, jiǎn qīng fù dān	
			면하다, 구해지다
生地(きじ)	명	布料, 衣料 bù liào, yī liào	옷감
しわ	명	皱纹 zhòu wén	주름
似合う(にあう)	동	适合 shì hé	어울리다
そのうえ	접	并且 bìng qiě	거기에다가
おしゃれだ	형	讲究打扮 jiǎng jiu dǎ ban	멋을 내다, 치장하다
都会(とかい)	명	城市 chéng shì	도시, 도회지
デザイナー	명	设计师 shè jì shī	디자이너
デザインする	동	设计 shè jì	디자인하다
伝統(でんとう)	명	传统 chuán tǒng	전통
うまい	형	巧妙, 好, 高明 qiǎo miào, hǎo, gāo míng	잘
取り入れる(とりいれる)	동	采用, 吸收 cǎi yòng, xī shōu	채용하다, 도입하다

1. AはBに〜(ら)れます。　A가 B에게 〜당합니다.(하게 됩니다)

A는 피동자이고 B는 능동자이다. 예를 들면
동사의 기본형은 다음과 같이 변하여 피동의 뜻을 표시한다.

	기본형	피동형	법칙
1그룹 동사	書く	書かれる	く→かれる
	読む	読まれる	む→まれる
	持つ	持たれる	つ→たれる
2그룹 동사	食べる	食べられる	る→られる
	教える	教えられる	
	見る	見られる	
3그룹 동사	来る	来られる	
	する	こっる	

2. AはBにCを　〜　(ら)れます

A는 피동자, B는 능동자, C는 목적 및 내용을 표시한다.

Aは	Bに	Cを	(ら)れます
田中さんは	お客さんに	お礼を	言われました
王さんは	知らない人に	道を	聞かれました

3. やすいです・にくいです　매우 쉽다・매우 어렵다

동사 ます형의 ます를 やすいです로 바꾸면 '매우 쉽다'의 의미를 표시하고, 반대로 にくいです로 바꾸면 '매우 어렵다'는 의미를 표시한다.

	やすいです・にくいです
この辞書はとても使い	やすいです
本屋の場所はわかり	にくいです

4. 店先 가게 앞

待ち合わせは 店先でしましょう。약속장소는 가게 앞으로 하죠.

5. 春物 봄에 입는 복장

봄에 입는 복장. 계절의 차이가 분명하여 복장도 계절에 따라 변한다. 춘하추동 각 계절의 복장을 春物, 夏物, 秋物, 冬物로 구분하여 칭한다.

6. 助かりました 면하다, (어떠한 일로부터)구해지다

어떠한 일이 누군가에게 유리하거나 편리할 때 원인, 이유를 설명하는 문장과 사용한다.

友達が荷物を持ってくれで、助かりました。
친구가 짐을 들어주어서 살았습니다.
故障した機械の部品が、すぐ届いたのて、助かりました。
고장난 기계의 부품이 금방 도착했기 때문에 괜찮았습니다.

7. ですから 그렇기 때문에

だから와 의미가 같은 예절을 갖춘 표현 어휘이다.

8. ～向け ～을 위한, 겨냥한

명사 뒤에 붙어서 어디로 향하다는 의미로 사용되기도 하며, 여기서는 중국을 겨냥한

상품이라는 의미로 中国向け라는 형태로 사용되고 있다.

これは、外国向けの製品です。
이것은 외국을 겨냥한 제품입니다.

1. 다음 동사의 피동형을 익히시오.

基本型	被動形	基本型	被動形
言う	言われる	泣く	泣かれる
聞く	聞かれる	笑う	笑われる
壊す	壊される	ほめる	はめられる
死ぬ	死なれる	来る	来(こ)られる
盗む	盗まれる	紹介する	紹介される
怒る	怒られる		

2. 다음 예문처럼 문장을 바꾸어 보시오.

〈예 1〉

雨が降りました。비가 왔습니다.

→ 雨に降られました。비를 맞았습니다.

(1) 泥棒が入りました。

(2) 先生が呼びました。

(3) 父が死にました。

〈예 2〉

友達は、わたしの手紙を読みました。 친구는 저의 편지를 읽었습니다.

→ わたしは、友達に手紙を読まれました。

친구가 저의 편지를 읽었습니다.

(직역 : 저는, 친구에게 편지를 읽혔습니다.)

(1) 友達は、わたしの写真をみました。

(2) 子供は、王さんのカメラを壊しました。

(3) 泥棒は、田中さんのお金を盗みました。

3. 다음 문장처럼 B의 문장을 만들어 보시오.

〈예〉

A : 昨日は、大変でしたね。

(泥棒は入りました。それでたいへんでした。)

어제는 큰일이었네요.

(도둑이 들었습니다. 그것이 큰일이었다.)

→ B : ええ。泥棒に入られて、たいへんでした。

예, 도둑이 들어서 큰일이었습니다.

(1) A : 足が痛そうですね。

(電車の中で足を踏まれました。それで痛いんです。)

(2) A : 買い物は、どうでしたか。

(雨が降りました。それで困りました。)

(3) A : 眠そうですね。

(子供が泣きました。それで眠れませんでした。)

부록1

• 본문해석

제1과 일본어를 공부하다

문장해석

오늘 다나카씨는 공항으로 중국에서 오는 대표단을 마중 나갔습니다. 대표단은 전부 다섯 명입니다. 공항은 많은 사람들로 혼잡했습니다. 공항에 도착한 사람들이 금방 마중 나온 사람을 찾는 것은 힘든 일입니다. 다나카씨는 '환영, 중국방일대표단'이라고 쓴 커다란 종이를 가지고 출구에서 기다렸습니다.

키가 큰 남자가, '다나카씨입니까. 대표단의 이입니다.'라고 말했습니다. 이씨는 일본어를 말하는 것이 아주 능숙합니다. 다른 네 명에게 다나카씨를 중국어로 소개했습니다. 이씨는 '잘 부탁드립니다. 일본의 발전된 과학기술을 공부하는 것이 매우 기대됩니다.'라고 다나카씨에게 일본어로 말했습니다.

회화해석

다나카 :   일본어로 말하는 것이 능숙하시네요. 일본에 방문하는 것은 몇 번째입니까?

이 :   처음입니다. 라디오로 일본어를 공부하고 있습니다만 외국어를 공부하는 것은 즐겁습니다.

다나카 :   그렇습니까, 이번에 일본을 방문한 목적은 로봇전시장이나 자동차 공장을 견학하는 것이지요?

이 :   네, 발전된 과학기술을 공부하는 것이 기대됩니다.

다나카 :   내일부터 바빠질겁니다. 오늘은 호텔에서 푹 쉬세요.

이 :   공항에서 일본 돈으로 환전을 하는것을 잊어버렸습니다만, 괜찮을까요?

다나카 :   네, 호텔에서도 할 수 있습니다.

제2과 일본요리를 먹다

문장해석

오늘 밤, 다나카씨는 이씨의 일행을 호텔 근처의 일본요리점으로 안내했습니다. 이씨는 아직 한 번도 일본 요리를 먹어본 적이 없습니다. '유명한 가게이기 때문에 언제나 손님이 많습니다. 오늘도 꽤 붐비고 있을 테지요'라고 다나카씨가 말했습니다.

점원이 요리를 늘어놓으면서 하나하나의 요리의 이름과 먹는 방법을 설명했습니다.

이씨 일행은 맥주를 마시면서 식사를 했습니다. 일본인은 식사 전에는 '잘 먹겠습니다'라고 말합니다. 그리고 식사가 끝났을 때에는 '잘 먹었습니다'라고 말합니다. 이씨 일행은 일본의 관습을 따라서 그렇게 말했습니다.

다나카 :   요리는 어떻습니까?

이 :   매우 맛있습니다. 분명 대표단의 다른 분들 역시 만족하고 있을 겁니다.

다나카 :   다행이네요.

이 :   거기에다가 그릇이 매우 아름다웠습니다.

다나카 :   예, 일본요리는 그릇이나 담는 방법에도 신경을 씁니다. '눈으로도 즐기는 요리'라고 말하는 사람도 있습니다.

이 :   그런데 일본인은 먹을 때에 말을 하지 않네요.

다나카 :   예, 중국은 어떻습니까?

이 :   보통은 조용합니다만, 축하할 때에는 소란스럽습니다. 다 같이 이야기를 나누거나 웃거나하면서 식사를 합니다.

제3과 전자상가를 가다

문장해석

오늘 오전 중에 이씨 일행은 긴자와 아사쿠사를 둘러보았습니다. 아침부터 하늘이 흐렸습니다. 비가 올지도 몰라서 모두 우산을 들고 나갔습니다.

오후부터는 아키하바라에서 쇼핑을 할 예정입니다. 아키하바라에는 전기상가가 많이 있습니다. '전기제품이 싸기 때문에 외국에서 온 손님들에게도 인기가 있는 장소입니다.'라고 다나카씨가 말했습니다.

이씨는 텔레비전·라디오를 사려고 생각하고 있습니다. 그리고 그것을 아들에게 선물로 주려고 생각하고 있습니다.

회화해석

이 :   오후부터 아키하바라에 가네요. 아사쿠사에서 얼마나 걸립니까?

다나카 :   가깝습니다. 하지만 오늘은 차가 막히기 때문에 버스로 30분 이상 걸릴지도 모릅니다.

이 :   쇼핑을 할 시간은 얼마나 있습니까?

다나카 :   2시간 정도 예정되어 있습니다. 이씨는 무엇을 살 겁니까?

이 :   텔레비전·라디오를 사서 아들에게 선물로 주려고 생각하고 있습니다. 텔레비전·라디오는 종류가 많아서 살 때에 망설이게 되겠죠.

다나카 :   그럴지도 모르겠네요. 사기 전에 카탈로그를 잘 읽어두는 편이 좋겠어요. 그러면 성능과 가격을 확실히 알 수 있으니까.

이 :   네, 그렇게 하죠.

제4과 우표를 수집하다

문장해석

나의 취미는 우표를 모으는 것입니다. 그것은 여행 기념으로 일본에서 산 우표입니다. 이씨는 다나카씨에게 우표를 보여주었습니다. "이것은 새로 팔기 시작한 기념 우표입니다. 검은 것은 청수사의 우표입니다. 파란 것은 은각사입니다. 어느 쪽도 교토에 있는 유명한 절입니다."라고 다나카씨가 말했습니다. "이쪽의 큰 것은 어디의 우표입니까?"라고 다나카씨는 이씨에게 물었습니다. 그것은 프랑스의 우표입니다. 프랑스에 간 친구가 줬습니다. 이씨는 그렇게 말하면서 우표를 조심스럽게 수첩에 끼웠습니다.

회화해석

다나카 : 내일은 교토로 이동하는 날이네요.

이 : 예, 여러가지로 신세를 졌습니다. 덕분에 즐겁게 보낼 수 있었습니다.

다나카 : 천만에요.

이 : 그런데, 다나카씨의 취미는 무엇입니까?

다나카 : 영화를 보는 것입니다. 이씨도 일본영화를 보세요. 재미있는 영화가 있어요.

이 : 예, 꼭 보고싶네요.

다나카 : 토요일에는 교토의 시내관광을 할 예정입니다. 유명한 절이나 정원이 있으니 꼭 봐주세요. 이씨에게 있어서 꼭 좋은 추억이 되겠지요.

이 : 예, 기대하고 있겠습니다. 특히 청수사와 은각사를 보고싶습니다. 양 쪽 다 우표에 그려져있으니까요.

다나카 : 그렇네요. 실물은 그림보다 더 아릅답습니다.

제5과 북해도에 눈이 내리다

문장해석

일본은 지방에 따라 기후가 다릅니다. 추운 지방과 더운 지방에서는 생활의 방법이 다릅니다. 겨울이 되면 북해도나 동북지역에서는 눈이 옵니다.

눈이 많은 지방에서는 3미터 이상 쌓이는 경우가 있습니다. 11월에서부터 3월에 걸쳐서 사람들은 눈 속에서 살아갑니다.

그렇기 때문에 지붕이나 도로의 눈을 치우지 않으면 생활할 수가 없습니다. 지붕 위의 눈을 치우는 것은 어려운 일입니다. 개중에는 사람을 고용하여 눈을 치우는 집도 있습니다.

도쿄에서는 겨울이 되어도 눈이 별로 오지 않습니다.

그렇기 때문에 사람들은 눈에 익숙하지 않습니다.

조금만 눈이 쌓여도 도심이 혼란스럽습니다. 전철이 멈추거나 차사고가 일어나기도 합니다.

회화해석

왕 : 오, 눈이네요.

다나카 : 예, 오늘 밤에는 쌓일 지도 모르겠네요.

왕 : 도쿄에도 눈이 쌓이기도 합니까?

다나카 : 예, 가끔 쌓입니다. 눈이 쌓이면 예쁘지만 전철이 멈추거나 도로가 폐쇄되거나 하기도 합니다.

왕 : 눈이 많이 오는 지방에서는 더 큰일이겠네요.

다나카 : 예, 쌓인 눈을 치우지 않으면 집이 무너지기도 하니까요. 거기에 작물이 눈에 의해 피해를 입기도 합니다.

왕 : 베이징에서는 눈이 쌓이는 일은 거의 없습니다. 저는 경험한 적이 없습니다만 눈이 많이 내리는 지역에서의 생활은 어려운 일이겠죠.

제6과 설을 쇠다

문장해석

(1)

다나카씨는 설날 아침에 첫 첨배를 갈 생각입니다.

다나카씨의 화사는 1월 3일까지 쉬는 날이기 때문에 집에서 한가롭게 보내기로 했습니다.

3일에는 다나카씨의 집에 친척들이

모이기로 했습니다.

왕씨는 일본의 정월의 첫 참배의 모습을 보고싶다고 합니다.

(2)

일본에서는 정월을 양력으로 쉽니다.

섣달 그믐달이 되면 제야의 종소리가 울립니다.

종소리는 일본의 어디에서나 들립니다.

다나카씨는 설날 아침에 첫 참배를 갈 생각입니다.

그리고 가족의 건강과 행복을 기도할 생각입니다.

왕씨와 장씨는 전부터 첫 참배의 모습을
보고싶었다고 합니다.
설날 아침에 다나카씨와 가기로 했습니다.
하지만 장씨가 감기에 걸렸기 때문에 왕씨만
함께 가게되었습니다.

회화해석

다나카 :　새해 복 많이 받으세요.
왕 :　　　새해 복 많이 받으세요.
다나카 :　첫 참배는 처음이라면서요. 엄청난 인파겠지요.
왕 :　　　예, 정말 많은 인파네요. 기모노를 입은 여성들의 모습도 보이네요.
다나카 :　첫 참배에서 모두 가족의 건장이나 행복을 기도합니다. 중국에서는 정월을
　　　　 음력으로 쇤다지요?
왕 :　　　예, 춘절이라고 합니다. 일본에서의 정월보다 한 달정도 늦습니다.
다나카 :　왕씨는 춘절에 북경에 돌아가지 않는다면서요.
왕 :　　　예, 돌아갈 생각이었지만 대학에서 시험이 있기 때문에 포기했습니다.
다나카 :　그렇습니까, 그건 유감이네요.

제7과 교자를 만들다

문장해석

(1)
북경에서는 섣달 그믐날에 정월용으로 교자를 만들어둡니다.
교자를 만드는 것은 즐겁기 때문에 모두 시간이 지나는 것도 잊어버리고 맙니다.
텔레비전에서 봤습니다만, 2월의 북경은 매우 춥습니다.

(2)
일본에서는 떡을 먹으면서 정월을 쇕니다.
북경에서는 교자를 먹으면서 정월을 맞이합니다.
정월용 교자를 섣달 그믐달에 만들어 둡니다.
그리고 정월에 교자를 먹습니다.
각각의 가정에서 각각 다른 교자의 맛이 있다고 합니다.
가족이 많은 집은 많이 만들어 두지 않으면 금새 없어지고 맙니다.

오늘 텔레비전에서 북경의 춘절의 모습을 소개하고 있었습니다.

「2월의 북경은 매우 춥습니다.

하지만 가족들이 모여 따뜻한 교자를 빚는 모습은 평화롭고 즐거워 보입니다.

각각의 집안에는 그 집안에 밖에 없는 교자의 맛이 있습니다.

굉장히 맛있습니다.」

아나운서는 그렇게 말했습니다.

그것을 보고 왕씨는 굉장히 그리워보였습니다.

회화해석

다나카 : 텔레비전을 보고 있을 때 그리워보였네요.

왕 : 예, 가족들이 생각나서요.

다나카 : 벌써 반년 이상 돌아가지 않았죠.

왕 : 예, 가끔씩 외롭게 느껴질 때가 있습니다.

다나카 : 가족들은 모두 변함 없이 잘 지내고 있습니까?

왕 : 네, 최근 온 편지 중에 사진이 들어있었습니다. 모두 건강해보였어요.

다나카 : 올해 춘절은 가족들도 외롭겠죠.

왕 : 예, 춘절에 돌아가지 않은 것은 작년에 편지로 알려두었습니다. 어머니로부터 답장이 왔습니다만, 유감스러운 것 같았어요.

다나카 : 곧 대학도 시작되겠지요.

왕 : 예, 다음 주부터입니다.

다나카 : 숙제인 레포트는 벌써 다 썼습니까?

왕 : 네, 벌써 썼습니다. 시험도 가깝기 때문에 슬슬 준비를 해두지 않으면 안됩니다.

다나카 : 다음 주부터 또 바빠지겠네요.

제8과 농작물이 자라다

문장해석

(1)

비가 오지 않으면 작물은 자라지 않습니다.

따뜻하지 않으면 작물은 자라지 않습니다.

농업기계를 쓰면 노동력이 적어도 많은 수확을 거둘 수 있습니다.

(2)

벼는 원래 열대지방의 작물입니다.

100년 정도 전에는 더운 지방이 아니면 열매를 맺지 못했습니다.

그리고 1년에 평균 기온이 20도이상 있지 않으면 수확을 할 수 없었습니다.

그러나 추위에 강한 품종이 생기고 추운 지방에서도 쌀농사가 확대되었습니다.

추위에 강한 품종 외에도 맛이 좋은 품종 개발도 활발합니다.

옛날 일본에서는 토마토나 오이는 여름이 아니면 먹을 수 없었습니다.

하지만 지금에는 1년 내내 먹을 수 있습니다.

비닐하우스에 의해 속성재배 기술이 진보했기 때문입니다.

지금도 가을이나 겨울에는 토마토나 오이의 가격이 조금 비싸집니다.

조금 비싸더라도 사는 사람들은 많습니다.

회화해석

장 : 야채가게에는 여러 야채들을 팔고 있네요.

다나카 : 그렇네요, 토마토나 오이는 1년 내내 팔고 있습니다. 속성재배의 진보가 없었다면 이런 일은 무리였겠지요.

장 : 예, 이전에는 북경에서도 여름이 아니면 수박을 먹을 수 없었습니다. 하지만 지금은 1년 내내 팔고 있습니다.

다나카 : 정말입니까? 수박은 여름의 북경의 대표적인 풍물이라고 생각하고 있었습니다.

장 : 예, 겨울의 수박은 흔하지 않습니다만, 조금 비싸도 사는 사람들이 있습니다.

다나카 : 요즈음에는 야채나 과일을 봐도 계절을 알 수가 없네요.

제9과 공장을 견학하다

문장해석

(1)

자동차 공장의 기계화가 진행되어 있어서 놀랐습니다.

인간이 하는 일은 장래에는 더 줄어들거라고 생각합니다.

용접을 하는 것은 로봇을 사용하고 있었습니다.

큰 트럭이 공장에 들어왔습니다.

작은 트럭이 공장에서 나왔습니다.

(2)

이씨는 나고야의 자동차공장을 견학했습니다.

이 공장에서는 용접 등 위험한 작업을 하는 일에 로봇을 사용하고 있었습니다.

업무를 시작하는 벨이 울리면 들렸지만 사람의 모습은 보이지 않습니다.

공장의 기계화가 발전되고 었어 놀랐습니다.

기계의 발전으로 일본의 자동차의 생산대수는 크게 늘었다고 합니다.

일본제 자동차는 가솔린의 소비량도 적고 중국에서도 인기가 있습니다.

이씨는 장래 중국의 공장도 좀 더 기계화가 발전하리라고 생각했습니다.

회화해석

이 :　　　근대적 공장이네요. 큰 트럭이 몇 대씩이나 들어오는 것을 보았습니다.

직원 :　　아아, 그것은 다른 공장에서 여기로 부품을 옮기는 트럭입니다. 타이어나 유리 등은 다른 공장에서 만들고 있으니까요.

이 :　　　여기서는 용접이나 도색을 하는 것을 로봇을 사용하고 있네요.

직원 :　　네, 기계화가 발전해서 생산대수가 늘었습니다. 장래에는 노동시간도 지금보다 짧아질 것이라고 생각됩니다.

이 :　　　이 공장을 견학하고 기계화의 놀라움을 새롭게 느꼈습니다.

직원 :　　철공이나 타이어, 유리 등의 분야에서도 생산기술이 향상했습니다. 모두의 노력으로 지금의 자동차공장의 발전이 있는 것입니다.

이 :　　　물론입니다. 여러 분야에서 많은 사람들이 노력을 하고 있군요.

제10과 태극권을 배우다

문장해석

(1)

다나카씨는 운동부족으로 인해 최근 몸상태가 좋지 않습니다.

몸에 좋기 때문에 왕씨는 다나카씨에게 태극권을 가르쳐줬습니다.

다나카씨는 왕씨에게 배웠습니다.

다음주 휴일에 왕씨가 집으로 가르치러 옵니다.

「힘을 빼고 천천히 몸을 움직여주세요.」

라고 왕씨가 말했습니다.

(2)

다나카씨는 평소에 바쁘기 때문에 좀처럼 운동을 할 기회가 없습니다.
그래서 왕씨에게 태극권을 배웠습니다.
일본에서도 태극권은 최근에 인기가 있습니다.
초심자에게 태극권을 가르치는 교실도 있습니다.

일본인의 생활은 예전과 비교하여 변했습니다.
몸을 움직이지 않고 책상 앞에 앉아서 생활하는 사람이 늘었습니다.
운동 부족때문에 병에 걸리는 사람도 있습니다.

최근에는 건강을 생각하여 스포츠를 시작하는 사람이 늘었습니다.
큰 도시에는 대체로 스포츠 센터가 있습니다.
원한다면 전문 코치가 지도해줍니다.
도구도 빌려줍니다.
특히 줄말에는 많은 사람들이 이용합니다.

회화해석

다나카 : 운동하는 것은 기분이 좋네요. 오래간만에 땀을 흘렸습니다.
왕 : 엄청난 땀이네요. 제 타올을 빌려드리죠.
다나카 : 감사합니다. 운동을 하고 싶습니다만 시간이 없어서 좀처럼 할 수 없습니다.
　　　　 최근, 몸상태가 좋지 않아서 마음에 걸립니다.
왕 : 그래서 태극권을 시작한 것이군요.
다나카 : 예, 태극권이 건강에 좋다고 들어서.
왕 : 확실히 건강에 좋습니다. 태극권을 할 때에는 마음을 온화하게 하고, 몸을 움
　　　　 직여주세요.
다나카 : 알겠습니다. 또 가르쳐주시겠습니까?
왕 : 예, 물론입니다.

제11과 쇼핑을 하다

문장해석

(1)

왕씨는 전철 안에서 옆 사람에게 발을 밟혔습니다.
쇼핑 가는 도중, 왕씨는 비를 맞았습니다.

왕씨는 옷가게에서 점원에게 파란 블레이저를 추천받았습니다.

이 사전은 글자가 커서 쓰기 편합니다.
이 의자는 작아서 앉기 불편합니다.

(2)
2월이 되면 옷가게의 앞에는 벌써 봄옷이 늘어섭니다.
그렇기 때문에 옷가게의 쇼윈도우를 보면 벌써 봄이 가까워지고 있는 것을 알 수 있습니다.

왕씨는 다나카씨의 부인을 통해 평판이 좋은 옷가게를 알게되었습니다.
큰 길 쪽의 알기 쉬운 장소에 있다고 합니다.
가는 도중 비를 맞았습니다.
하지만 가게가 역의 바로 앞에 있었기 때문에 괜찮았습니다.
왕씨는 점원에게 파란 블레이저를 추천 받았습니다.
옷감이 가볍고 주름이 지지 않는다고 합니다.
가격도 쌌기 때문에 왕씨는 그것을 샀습니다.

회화해석
부인 : 　옷가게는 금방 찾았나요?
왕 : 　예, 굉장히 알기 쉬운 장소에 있었습니다. 역에서부터 가깝네요.
부인 : 　예, 예쁜 파란색 블레이저네요. 그걸 산 거에요?
왕 : 　네, 점원이 추천해주었습니다.
부인 : 　굉장히 잘 어울려요.
왕 : 　예, 어제 친구도 그렇다고 말해주었습니다.
부인 : 　이 옷감은 주름이 잘 지지 않아요.
왕 : 　네, 거기에 가벼워서 굉장히 움직이기에 편합니다.

부인 : 　신문에서 읽었습니다만, 중국의 젊은이들도 멋쟁이가 되었다고하더군요.
왕 : 　예, 도회지에는 큰 옷가게가 있습니다. 일본의 디자이너들이 중국을 겨냥하여 디자인한 옷도 팔고 있습니다.
부인 : 　중국을 겨냥한 옷이요?
왕 : 　네, 중국옷의 전통을 잘 살리고 있어 굉장히 인기가 있습니다.

KCJ Multilingual

한중일
기 초
입문❷

부록2

▪ 일본어 한자·중국어 쓰기 연습

▌【思う】おもう 　　　　　想　xiǎng 　　　　　　　　생각하다

▌【考】かんがえる 　　　　考慮　kǎolǜ 　　　　　　　고려하다

▌【入】はいる 　　　　　　進　jìn 　　　　　　　　　들어가다

▌【風】かぜ 　　　　　　　风　fēng 　　　　　　　　　바람

▌【雪】ゆき 　　　　　雪 xuě 　　　　　　　눈

▌【降】ふる 　　　　　下 xià 　　　　　(눈, 비가) 내리다

▌【雨】あめ 　　　　　雨 yǔ 　　　　　　비

▌【強】つよい 　　　　強 qiáng 　　　　　세다, 강하다

┃【暖】あたたかい　　　暖 nuǎn　　　　　　따뜻하다

┃【暑】あつい　　　　熱 rè　　　　　　　덥다

┃【凉】すずしい　　　凉快 liángkuài　　　　시원하다

┃【寒】さむい　　　　冷 lěng　　　　　　춥다

▎【好】すっき　　　　好 hǎo　　　　　　　좋아하다

▎【辛】からい　　　　辣 là　　　　　　　맵다

▎【甘】あまい　　　　甜 tián　　　　　　달다

▎【買】かう　　　　买 mǎi　　　　　　　사다

▌【乗】のる 坐 zuò 타다

▌【着】つく 到达 dàodá 도착하다

▌【帰】かえる 回来(去) huílái(qù) 돌아오(가)다

▌【知】しる 知道 zhīdào 알다

▌【吸】すう　　　　　吸 xī，抽 chōu　　　　　　(담배를)피우다

▌【止】やめる　　　　　戒 jiè　　　　　　(담배를)끊다

▌【忙】いそがしい　　　忙 máng　　　　　　바쁘다

▌【訪】たずねる　　　访问 fǎngwèn　　　　　방문하다

▌【空】そら　　　　　天空　tiānkōng　　　　　　하늘

▌【勤】つとめる　　　工作　gōngzuò　　　　　　근무하다

▌【晴】はれる　　　　晴天　qíngtiān　　　　　　(날씨가)개다

▌【聞】きく　　　　　听　tīng　　　　　　　　　듣다

▌【難】むずかしい　　　　难 nán　　　　　　　어렵다

▌【読】よむ　　　　读 dú　　　　　　　읽다

▌【送】おくる　　　　送 sòng　　　　　　　바래다주다

▌【為】ため　　　　为 wèi　　　　　　　위하다

▌【撮】とる　　　　　　　摂　shè　　　　　　　　　(사진을)찍다

▌【貸】かす　　　　　　　借给　jiègěi　　　　　　　빌려주다

▌【借】かりる　　　　　　借　jiè　　　　　　　　　빌리다

▌【願】ねがう　　　　　　願　yuàn　　　　　　　　원하다, 부탁하다

▎【返】かえる　　　　　　还 huán　　　　　　　　　돌려주다

▎【汚】きたない　　　　　　脏 zāng　　　　　　　　　더럽다, 지저분하다

▎【鳴】なる　　　　　　　哭 kū　　　　　　　　　울리다

▎【急】いそぐ　　　　　　赶紧 gǎnjǐn　　　　　　　　서두르다

▌【忘】わすれる　　　忘记　wàngjì　　　　잊다

▌【集】あつまる　　　集合　jíhé　　　　　모이다

▌【待】まつ　　　　　等待　děnfdài　　　기다리다

▌【持】もつ　　　　　拿　ná　　　　　　가지다, 들다

▎【口】くち　　　　　嘴(巴)　zuǐ(ba)　　　　　　입

▎【合】あう　　　　　合适　héshì　　　　　　맞다

▎【易】やさしい　　　容易　róngyì　　　　　　쉽다

▎【覚】おぼえる　　　背诵　bèisòng　　　　　　외우다

▌【働】はたらく   干活 gànhuó   일하다

▌【疲】つかれる   疲劳 píláo   피로하다, 지치다

▌【体】からだ   身体 shēntǐ   몸, 체격

▌【必】かならず   必须 bìxū   반드시

▌【始】はじます　　　　開始　kāishǐ　　　　　　　　시작되다

▌【嬉】うれしい　　　　喜欢　xǐhuān　　　　　　　　기쁘다, 즐겁다

▌【賛】ほめる　　　　称赞　chēngzàn　　　　　　　칭찬하다

▌【友】ともだち　　　　朋友　péngyǒu　　　　　　　친구

▎【遅】おそい　　　　迟 chí　　　　　　늦다

▎【込】こむ　　　　分泌 fēnmì　　　　分비다

▎【踏】ふむ　　　　踩 cǎi　　　　　　밟다

▎【答】こたえる　　　回答 huídá　　　　　대답하다

▌【重】おもい　　　　　　重　zhòng　　　　　　　무겁다

▌【頼】たのむ　　　　　　托付　tuōfù　　　　　　부탁하다

▌【拾】ひろう　　　　　　捡　jiǎn　　　　　　　줍다, (택시를)잡다

▌【渡】わたす　　　　　　递给　dìgěi　　　　　　건네주다

▌【新】あたらしい　　　　新 xīn　　　　　　　　　새롭다

▌【届】とどける　　　　送货 sònghuò　　　　　　배달하다

▌【移】うつる　　　　　搬家 bānjiā　　　　　　　이사하다

▌【側】そば　　　　　　旁边 pángbian　　　　　　옆, 곁

▌【隣】となり　　　　旁边 pángbian　　　　　옆

▌【後】うしろ　　　　后边 hòubian　　　　　뒤

▌【短】みじかい　　　短 duǎn　　　　　짧다

▌【赤】あかい　　　　红 hóng　　　　　빨갛다

▌【青】あおい　　　　蓝 lán　　　　　　　　파랗다

▌【見】みる　　　　　看 kàn　　　　　　　　보다

▌【歩】あるく　　　　走 zǒu　　　　　　　　걷다

▌【食】たべる　　　　吃 chī　　　　　　　　먹다

▌【書】かく　　　　　写 xiě　　　　　　　쓰다

▌【習】ならう　　　　　学(习) xué(xí)　　　　　배우다

▌【教】おしえる　　　　教 jiāo, jiào　　　　　가르치다

▌【開】あける　　　　　开 kāi　　　　　　열다

▌【閉】しめる　　　　　関　guān　　　　　　　닫다

▌【来】くる　　　　　　来　lái　　　　　　　오다

▌【帰】かえる　　　　回来(去)　huílái(qù)　　　돌아오(가)다

▌【数】かぞえる　　　　数　shǔ　　　　　　세다, 헤아리다

■【足】たす　　　　　　加 jiā　　　　　　더하다

■【残】のこる　　　　　剰余 shèngyú　　　　남다

■【引】ひく　　　　　　減 jiǎn　　　　　　빼다

■【綜】　　　　　　　　綜合 zōnghé　　　　한데 모으다, 합치다

▌【住】すむ　　　　　　住 zhù　　　　　　　　살다

▌【座】すわる　　　　　坐 zuò　　　　　　　　앉다

▌【飲】のむ　　　　　　喝 hē　　　　　　　　마시다

▌【広】ひろい　　　　　寛 kuān　　　　　　　넓다

▎【立】たつ　　　　站 zhàn　　　　　　　서다

▎【剃】そる　　　　剃 tì　　　　　　　깍다, 면도를 하다

▎【何】なん　　　　什么 shénme　　　　무엇

▎【本】ほん　　　　书 shū　　　　　　　책

▍【窓】まど　　　　　窓戸 chuānghu　　　　　창문

▍【机】つくえ　　　　　桌子 zhuōzi　　　　　책상

▍【私】わたし　　　　　我 wǒ　　　　　나, 저

▍【鏡】かがみ　　　　　镜子 jìngzi　　　　　거울

▌【壁】かべ　　　　　　墙 qiáng　　　　　　　　　벽

▌【箱】はこ　　　　　　箱子 xiāngzi　　　　　　　상자

▌【絵】え　　　　　　　图画 túhuà　　　　　　　　그림

▌【目】め　　　　　　　眼睛 yǎnjīng　　　　　　　눈

▌【足】あし　　　　　脚 jiǎo　　　　　　　　발

▌【耳】みみ　　　　　耳朵 ěrduo　　　　　　귀

▌【音】おそ　　　　　声音 shēngyīn　　　　소리

▌【家】いえ　　　　　家 jiā　　　　　　　　집

▌【車】くるま　　　　　　汽车　qìchē　　　　　　　　자동차

▌【冊】さつ　　　　　　本　běn　　　　　　　　권

▌【店】みせ　　　　　　(商)店　(shāng)diàn　　　　　가게

▌【杖】まい　　　　　　拐杖　guǎizhàng　　　　　지팡이

▌【池】いけ   荷花池 héhuāchí   연못

▌【魚】さかな   魚 yú   물고기

▌【男】おとこ   男子 nánzǐ   남자

▌【女】おんな   女子 nǚzǐ   여자

▌【娘】むすめ　　　　　女儿　nǚ'ér　　　　　　　딸

▌【父】ちち　　　　　　父亲　fùqīn　　　　　　　아버지

▌【母】はは　　　　　　母亲　mǔqīn　　　　　　　어머니

▌【姉】あね　　　　　　姐姐　jiějie　　　　　　　누나, 언니

▌【妹】いもうと　　　　妹妹　mèimei　　　　　　　여동생

▌【駅】えき　　　　　　火车站　huǒchēzhàn　　　　　역

▌【薬】やく　　　　　　药　yào　　　　　　　　　약

▌【今】いま　　　　　　现在　xiànzài　　　　　　　지금

▌【分】ふん   分 fēn   분

▌【朝】あさ   早上 zǎoshang   아침

▌【頃】ころ   时间 shíjiān   때

▌【誰】だれ   谁 shéi, shuí   누구

▌【草】くさ　　　　　草 cǎo　　　　　　　풀

▌【町】まち　　　　　村子 cūnzi　　　　　마을

▌【階】かい　　　　　层 céng　　　　　　층

▌【背】せ　　　　　身高 shēngāo, 个子 gèzi　　　신장, 키

▌【春】はる　　　　　春 chūn　　　　　　　봄

▌【夏】なつ　　　　　夏 xià　　　　　　　여름

▌【秋】あき　　　　　秋 qiū　　　　　　　가을

▌【冬】ふゆ　　　　　冬 dōng　　　　　　겨울

▎【次】つぎ　　　　　　下次 xiàcì　　　　　　　　다음

▎【風】かぜ　　　　　　风 fēng　　　　　　　　바람

▎【雨】あめ　　　　　　雨 yǔ　　　　　　　　비

▎【島】しま　　　　　　岛 dǎo　　　　　　　　섬

▌【空】そら　　　　　天空　tiānkōng　　　　　하늘

▌【妻】つま　　　　　妻子　qīzi　　　　　처

▌【棚】たな　　　　　搁板　gēbǎn　　　　　선반

▌【紙】かみ　　　　　纸　zhǐ　　　　　종이

▎【外】ほか　　　　　別的　biéde　　　　　다른

▎【顔】かお　　　　　脸　liǎn　　　　　얼굴

▎【弟】おとうと　　　弟弟　dìdi　　　　　남동생

▎【城】しろ　　　　　城　chéng　　　　　성

┃【等】など　　　　　　　　　等　děng　　　　　　　　　등

┃【席】せき　　　　　　　　　位置　wèizhi　　　　　　　자리

┃【味】あじ　　　　　　　　　味道　wèidao　　　　　　　맛

┃【棟】とう　　　　　　　　　栋　dòng　　　　　　　　　동

▌【号】ごう　　　　　号　hào　　　　　호

▌【袋】ふくろ　　　　袋儿　dài'ér　　　　봉지

▌【靴】くつ　　　　　皮鞋　píxié　　　　구두

▌【皆】みんな　　　　都　dou　　　　모두

■【鉛筆】えんぴつ　　　　铅笔　qiānbǐ　　　　　　연필

■【本棚】ほんだな　　　　桌子　zhuōzi　　　　　　책장

■【時計】とけい　　　　表　biǎo　　　　　　시계

■【帽子】ぼうし　　　　帽子　màozi　　　　　　모자

▌【外套】がいとう　　　　外套 wàitào　　　　　　　　　외투

▌【上着】うわぎ　　　　上衣 shàngyī　　　　　　　　윗도리

▌【雑誌】ざっし　　　　杂志 zázhì　　　　　　　　　잡지

▌【先生】せんせい　　　　老师 lǎoshī　　　　　　　　선생님

▌【学生】がくせい　　　学生　xuéshēng　　　　　　학생

▌【学校】がっこう　　　学校　xuéxiào　　　　　　학교

▌【食堂】しっくどう　　　食堂　shítáng　　　　　　식당

▌【地下】ちか　　　地下　dìxià　　　　　　지하

▎【会社】かいしゃ　　　公司　gōngsī　　　　　　　회사

▎【教室】きょうしつ　　　教室　jiàoshì　　　　　　교실

▎【英語】えいご　　　英语　yīngyǔ　　　　　　영어

▎【緑色】みどりいろ　　　绿色　lǜsè　　　　　　녹색

▎【茶色】ちゃいろ　　　　茶色　chásè　　　　　　　　다색

▎【桃色】ももいろ　　　　桃色　táosè　　　　　　　　도색

▎【花瓶】かびん　　　　　花瓶　huāpíng　　　　　　　화병

▎【電車】でんしゃ　　　　电车　diànchē　　　　　　　전차

▎【全部】ぜんぶ　　　　**全部**　quánbù　　　　　　　전부

<table>
<tr><td></td><td></td><td></td><td></td><td></td><td></td><td></td><td></td><td></td><td></td><td></td><td></td></tr>
<tr><td></td><td></td><td></td><td></td><td></td><td></td><td></td><td></td><td></td><td></td><td></td><td></td></tr>
<tr><td></td><td></td><td></td><td></td><td></td><td></td><td></td><td></td><td></td><td></td><td></td><td></td></tr>
</table>

▎【売場】うりば　　　　**卖场**　màichǎng　　　　　매장

<table>
<tr><td></td><td></td><td></td><td></td><td></td><td></td><td></td><td></td><td></td><td></td><td></td><td></td></tr>
<tr><td></td><td></td><td></td><td></td><td></td><td></td><td></td><td></td><td></td><td></td><td></td><td></td></tr>
<tr><td></td><td></td><td></td><td></td><td></td><td></td><td></td><td></td><td></td><td></td><td></td><td></td></tr>
</table>

▎【子供】こども　　　　**孩子**　háizi　　　　　　어린이, 아이

<table>
<tr><td></td><td></td><td></td><td></td><td></td><td></td><td></td><td></td><td></td><td></td><td></td><td></td></tr>
<tr><td></td><td></td><td></td><td></td><td></td><td></td><td></td><td></td><td></td><td></td><td></td><td></td></tr>
<tr><td></td><td></td><td></td><td></td><td></td><td></td><td></td><td></td><td></td><td></td><td></td><td></td></tr>
</table>

▎【大勢】おおぜい　　　　**许多人**　xǔduōrén　　　　　여럿이

<table>
<tr><td></td><td></td><td></td><td></td><td></td><td></td><td></td><td></td><td></td><td></td><td></td><td></td></tr>
<tr><td></td><td></td><td></td><td></td><td></td><td></td><td></td><td></td><td></td><td></td><td></td><td></td></tr>
<tr><td></td><td></td><td></td><td></td><td></td><td></td><td></td><td></td><td></td><td></td><td></td><td></td></tr>
</table>

▌【生徒】せいと　　　　学生　xuéshēng　　　　학생

▌【兄弟】きょうだい　　兄弟　xiōngdì　　　　形제

▌【何人】なんにん　　　几名　jǐmíng　　　　몇 명

▌【家族】かぞく　　　　家庭　jiātíng　　　　가족

▌【家内】かない　　　　　内人 nèirén　妻子 qīzi　　　　아내

▌【息子】むすこ　　　　儿子 érzi　　　　　　아들

▌【年生】ねんせい　　　年级 niánjí　　　　　학년

▌【高校】こうこう　　　高中 gāozhōng　　　　고등학교

▌【大学】だいがく　　　　大学　dàxué　　　　　　　대학교

▌【大抵】たいてい　　　　大概　dàgài　　　　　　　대개

▌【距離】きょり　　　　　距离　jùlí　　　　　　　　거리

▌【空港】くうこう　　　　机场　jīchǎng　　　　　　공항

▌【時間】じかん　　　　时间 shíjiān　　　　　　시간

▌【何時】なんじ　　　　几点 jǐdiǎn　　　　　　몇 시

▌【勉強】べんきょう　　　学习 xuéxí　　　　　　공부

▌【毎朝】まいあさ　　　每早 měizǎo　　　　　　매일 아침

▌【運動】うんどう　　　　**运动**　yùndòng　　　　　　運動

▌【新聞】しんぶん　　　　**新闻**　xīnwén　　　　　　　신문

▌【仕事】しごと　　　　　**业务**　yèwù　　　　　　　일, 업무

▌【部屋】へや　　　　　　**屋子**　wūzi　　　　　　　　방

▎【音楽】おんがく　　　音乐　yīnyuè　　　　　　　음악

▎【健康】けんこう　　　健康　jiànkāng　　　　　　건강

▎【特別】とくべつ　　　特別　tèbié　　　　　　　특별히

▎【今日】きょう　　　　今天　jīntiān　　　　　　　오늘

▎【昨日】きのう   昨天   zuótiān   어제

▎【明日】あした   明天   míngtiān   내일

▎【授業】じゅぎょう   上课   shàngkè   수업

▎【午前】ごぜん   上午   shàngwǔ   오전

▌【午後】ごご　　　　下午 wǔ　　　　　　　오후

▌【一緒】いっしょ　　　一起 yìqǐ　　　　　　같이, 함께

▌【先週】せんしゅう　　上周 shàngzhōu　　　　지난주

▌【映畫】えいが　　　电影 diànyǐng　　　　영화

▌【公園】こうえん　　　　公園　gōngyuán　　　　　　　　공원

▌【出勤】しゅっきん　　　　上班　shàngbān　　　　　　　출근

▌【退勤】たいきん　　　　下班　xiàbān　　　　　　　퇴근

▌【建物】たてもの　　　　建筑物　jiànzhùwù　　　　　　건물

▌【銀行】ぎんこう　　　　銀行　yínháng　　　　　　　　은행

▌【看板】かんばん　　　　牌子　páizi　　　　　　　　간판

▌【歩道】ほどう　　　　報导　bàodǎo　　　　　　　보도, 인도

▌【洋服】ようふく　　　　西服　xīfú　　　　　　　　양복

▎【季節】きせつ　　　季节 jìjié　　　　　　계절

▎【気温】きおん　　　气温 qìwēn　　　　　　기온

▎【一番】いちばん　　　最 zuì　　　　　　가장

▎【避暑】ひしょ　　　避暑 bìshǔ　　　　　　피서

▌【今度】こんど 　　　这次 zhècì 　　　이번

▌【何日】なんにち 　　　几天 jǐtiān 　　　며칠

▌【卒業】そつぎょう 　　　毕业 zúyè 　　　졸업

▌【今月】こんげつ 　　　这个月 zhègeyuè 　　　이번 달

▌【趣味】しゅみ   兴趣 xìngqù   취미

▌【将来】しょうらい   将来 jiānglái   장래

▌【来年】らいねん   明年 míngnián   내년

▌【入学】にゅうがく   入学 rùxué   입학

▌【試験】しけん　　　考试　kǎoshì　　　시험

▌【天気】てんき　　　天气　tiānqì　　　날씨

▌【毎年】まいねん　　　毎年　měinián　　　매년

▌【昨年】さくねん　　　去年　qùnián　　　작년

▌【果物】くだもの　　　　水果　shuǐguǒ　　　　　　　　과일

▌【寿司】すし　　　　　　寿司　shòsī　　　　　　　　초밥

▌【豚肉】ぶたにく　　　　猪肉　zhūròu　　　　　　　　돼지고기

▌【牛肉】ぎゅにく　　　　牛肉　niúròu　　　　　　　　쇠고기

▌【野菜】やさい 　　　　蔬菜　shūcài 　　　　　　　야채

▌【刺身】さしみ 　　　　生鱼片　shēngyúpiàn 　　　　生선회

▌【料理】りょうり 　　　　烹饪　pēngrèn 　　　　　　요리

▌【始発】しはつ 　　　　始发　shǐfā 　　　　　　처음으로 출발함

▌【高速】こうそく   高速 gāosù   고속

▌【切符】きっぷ   票 piào   표

▌【有名】ゆうめい   有名 yǒumíng   유명

▌【世界】せかい   世界 shìjiè   세계

■【新婚】しんこん　　　　新婚 xīnhūn　　　　　　신혼

■【夫婦】ふうふ　　　　　夫妇 fūfù　　　　　　　부부

■【残念】ざんねん　　　　遗憾 yíhàn　　　　　유감, 아쉬움

■【手紙】てがみ　　　　　信 xìn　　　　　　　편지

▋【返事】へんじ　　　　回信　huíxìn　　　　　　　답장

▋【先輩】せんぱい　　　　前輩　qiánbèi　　　　　　선배

▋【貿易】ぼうえき　　　　貿易　màoyì　　　　　　　무역

▋【辞書】じしょ　　　　　辞典　cídiǎn　　　　　　　사전

▌【会話】かいわ　　　　会话　huìhuà　　　　　　　　회화

▌【自分】じぶん　　　　自己　zìjǐ　　　　　　　　자기

▌【努力】どりょく　　　　努力　nǔlì　　　　　　　　노력

▌【記念】きねん　　　　纪念　jìniàn　　　　　　　　기념

【写真】しゃしん　　　照片　zhàopiàn　　　　사진

【指輪】ゆびわ　　　戒指　jièzhǐ　　　　반지

【科学】かがく　　　科学　kēxué　　　　과학

【名前】なまえ　　　名字　míngzi　　　　이름

▌【失礼】しつれい　　　失礼　shīlǐ　　　　　　　　실례

▌【約束】やくそく　　　约定　yuēdìng　　　　　　　약속

▌【邪魔】じゃま　　　妨碍　fáng'ài　　　　　　　방해, 장애

▌【出発】しゅっぱつ　　出发　chūfā　　　　　　　출발

▌【到着】とうちゃく　　　　到达　dàodá　　　　　　　　　도착

▌【予定】よてい　　　　　　预定　yùdìng　　　　　　　　예정

▌【荷物】にもつ　　　　　　行李　xíngli　　　　　　　　　짐

▌【家庭】かてい　　　　　　家庭　jiātíng　　　　　　　　가정

▌【途中】こちゅう　　　　途中　túzhōng, 半路　bànlù　　　도중

▌【理解】りかい　　　　理解　lǐjiě　　　　이해

▌【大事】だいじ　　　　重要　zhòngyào　　　중요함

▌【絶対】ぜったい　　　　絶対　juéduì　　　절대

▌【何回】なんかい　　　几次 jǐcì　　　몇 번, 몇 회

▌【廊下】ろうか　　　走廊 zǒuláng　　　복도

▌【招待】しょうたい　　　招待 zhāodài　　　초대

▌【社長】しゃちょう　　　总经理 zǒngjīnglǐ　　　사장

▌【契約】けいやく 　　　契約 qìyuē, 合同 hétong 　　　계약

▌【勤務】きんむ 　　　工作 gōngzuò 　　　근무

▌【事故】じこ 　　　事故 shìgù 　　　사고

▌【怪我】けが 　　　伤口 shāngkǒu 　　　상처

▌【成功】せいこう　　　　成功　chénggōng　　　　　　　성공

▌【質問】しつもん　　　　质问　zhìwèn　　　　　　　질문

▌【都合】つごう　　　　情况　qíngkuàng　　　　　　사정, 형편

▌【汽車】きしゃ　　　　火车　huǒchē　　　　　　기차

■【案内】あんない　　　引导　yǐndǎo　　　　　안내

■【税金】ぜいきん　　　税金　shuìjīn　　　　　세금

■【料金】りょうきん　　　费用　fèiyòng　　　　　요금

■【駐車】ちゅうしゃ　　　停车　tíngchē　　　　　주차

▌【商店】しょうてん　　　商店　shāngdiàn　　　　　　　상점

▌【台所】だいどころ　　　厨房　chúfáng　　　　　　　부엌

▌【結構】けっこう　　　不错　búcuò, 没关系　méiguānxi　괜찮음

▌【負担】ふたん　　　负担　fùdān　　　　　　　부담

■【大変】たいへん　　　　真厉害 zhēnlìhai, 了不起 liǎobuqǐ　大단함

■【風邪】かぜ　　　　　感冒 gǎnmào　　　　　　감기

■【食事】しょくじ　　　吃饭 chīfàn, 用餐 yòngcān　　식사

 저자 소개

문철수
· 현 군산대학교 동아시아학부 교수

오길용
· 현 군산대학교 동아시아학부 교수

KCJ Multilingual **한중일 기초 입문 2**

초판인쇄　2015년 12월 23일
초판발행　2015년 12월 28일

저　　자　문철수·오길용
발 행 인　윤석현
발 행 처　제이앤씨
등　　록　제7-220호

주　　소　서울시 도봉구 우이천로 353 성주빌딩 3층
전　　화　(02) 992-3253 (대)
전　　송　(02) 991-1285

전자우편　jncbook@daum.net
홈페이지　http://jncbms.co.kr
책임편집　최인노

ISBN　979-11-5917-022-5　13700　　　　정가 15,000원